단 1줄로 사로잡는

전달의 법칙

— 단 1줄로 사로잡는 —

전달의 법칙

모토하시 아도 지음 | 김정환 옮김

밀리언서재
Million Publisher

매사에 걱정이 많은 팀장에게서 문자가 왔다. 내일까지 작성해야 하는 자료가 있는데 어느 정도 진행이 되었는지 확인하려는 것이었다. 요즘 재택근무 중이라 대면으로 직접 확인할 수 없으니 더욱 걱정이 되는 모양이었다.

"내가 부탁한 자료 말인데, 어떻게 진행돼 가고 있나?"

당신은 이렇게 답신했다.

"작업 중입니다. 걱정 안 하셔도 됩니다."

그런데 조금 뒤 팀장이 직접 전화를 걸어서 "정말 내일까지 문제없겠나?"라고 재차 확인하는 것이 아닌가? 당신은 가뜩이나 바쁜 와중에 팀장을 안심시키느라 15분이나 시간을 빼앗기고 말았다.

누구나 일을 하면서 이런 경험이 있을 것이다. 그러면 문제를 하나 내겠다.

QUESTION

"작업 중입니다. 걱정 안 하셔도 됩니다."

위의 답신에 단어 하나만 추가하면 팀장이 전화를 걸어

서 재차 확인할 확률을 크게 낮출 수 있다.

그 단어는 무엇일까?

ANSWER

지금

다음의 2가지 답신을 비교해보자.

"작업 중입니다. 걱정 안 하셔도 됩니다."
"지금 작업 중입니다. 걱정 안 하셔도 됩니다."

'지금'이라는 단어 하나를 추가하는 것만으로 팀장에게 자료를 작성하고 있는 당신의 모습이 생생하게 보이는 듯한 느낌을 줄 수 있다. 팀장은 '제대로 일하고 있구나'라고 안심할 수 있을 뿐만 아니라, '지금 열심히 작업하고 있는데 방해하지 말아야 겠다'고 생각하게 된다. 따라서 확인 전화를 걸 확률도 크게 낮아지는 것이다.

위의 예시처럼 정보나 메시지를 전달하는 방법을 조금만 생각하면 완전히 다른 결과를 만들어낼 수 있다.

- 말을 하다 보면 자꾸 나도 모르게 이야기가 장황해진다.
- "그러니까 결국 하고 싶은 말이 뭐야?"라는 말을 자주 듣는다.
- 내 이야기를 듣는 상대의 얼굴에는 항상 지루한 표정이 떠오르는 것 같다.
- 매일 SNS에 글을 올리는데도 팔로워가 전혀 늘어날 기미가 보이지 않는다.
- 협상이나 영업에 성공하는 경우가 거의 없다.

늘 이런 생각과 고민을 하는 사람들에게 문제를 해결할 수 있는 '메시지 전달법'을 소개한다.

사람들은 흔히 이야기를 조리 있게 잘하거나 설득력 있게 설명하는 것도 재능이나 타고난 센스가 있어야 한다고 생각한다. 하지만 전혀 그렇지 않다.

말을 잘하거나 설득력이 좋은 사람과 그러지 않은 사람의 차이는 '전달력을 높이는 법칙'을 아느냐 모르느냐에 있다. 이 책에서는 누구나 쉽고 간단하게, 그리고 오늘부터 실천할 수 있는 전달의 법칙을 소개한다.

- 적절한 위치에 '한마디'만 집어넣어도 전달력이 크게 높아져서 주목받을 수 있다.
- '어떤 말'을 덧붙이는 순간 상대의 머릿속이 깔끔하게 정리되면서 정보나 메시지가 '머릿속에 박히고', '마음속에 새겨지게' 된다.
- 문장의 순서를 바꾸기만 해도 협상의 성공률이 몇 배 상승한다.

이 책에서 소개하는 전달의 법칙은 텔레비전 방송 제작 노하우에서 얻은 것들이다. 처음에 소개한 '지금'이라는 단어를 추가하는 것도 텔레비전 정보 프로그램에서 생생함을 연출하기 위해 사용하는 기법이다. 내레이션이나 자막을 유심히 살펴보면

'지금'이라는 단어가 의외로 자주 사용되는 것을 알 수 있다.

　우리가 평소에 별다른 생각 없이 보는 텔레비전 방송도 장면 하나하나마다 어떤 의도가 담겨 있다. 그리고 그 효과를 최대화하기 위한 전달의 법칙이 존재한다. 텔레비전 프로그램은 전달력을 높이는 요소들이 치밀하게 구성된 결과물인 것이다.

　어떤 프로그램을 앞에만 조금 보고 말 생각이었는데, 어느새 끝까지 보게 된 경험이 있을 것이다. 여기에는 시청자들이 채널을 돌리지 않게 하면서 전하고자 하는 정보를 자연스럽게 시청자의 머릿속에 집어넣기 위한 여러 가지 노하우와 법칙이 숨어 있다. 우리는 자기 의지로 방송을 선택해서 본다고 생각하지만 실제로는 '방송국의 의도대로 보는' 경우도 종종 있다. 심지어 그런 것을 전혀 느끼지 못한 채로 말이다.

　이처럼 텔레비전 방송 업계에는 '전달력을 높이는 법칙'이 있다. 방송을 제작하는 연출가들은 이 방법을 적절히 사용해서 시청자들을 끌어들인다. 어느 가게가 방송에 소개된 후 대기를 1시간이나 해야 할 정도로 손님들이 몰린다거나, 방송에서 소개된 직후 상품이 품절 사태를 빚으며 없어서 못 파는 상황이 되는 경우가 많다. 이러한 것 또한 어떻게 구성해서 전달력을 높이느냐에 달려 있다.

이것은 우리가 어떤 정보나 메시지를 전할 때도 마찬가지다. 대화를 하거나 프레젠테이션을 할 때 이 책에서 소개하는 '전달의 법칙'에 따라 곳곳에 전략적 장치를 설치해놓는다면, '상대가 눈치채지 못하는 사이에' 전하고자 하는 정보나 메시지를 상대의 머릿속에 확실히 각인시킬 수 있다.

나는 대학교를 졸업하고 텔레비전 프로그램 제작 회사에 취직하면서 방송계에 발을 들여놓았다. 후지TV의 버라이어티 방송 조연출(AD)부터 시작해, NHK, 니혼TV 등에서 다큐멘터리

와 정보 프로그램 연출가로 제작에 참여했다.

그 후 38세에 독립해 현재는 텔레비전 방송뿐만 아니라 방송 제작 노하우를 활용해 기업 홍보 동영상을 제작하는 '주식회사 스핀호이스트'를 경영하고 있다.

아직 신참 연출가였을 무렵 나는 VCR을 잘 만들지 못했다. '이래서는 얼마 못 가 잘리고 말 거야(VCR을 제대로 만들지 못하는 연출가는 금방 교체되어 버린다)'라는 생각에 초조해진 나는 황금 시간대의 방송을 닥치는 대로 돌려보면서 구성을 철저히 분석했다. 그 결과 텔레비전 방송은 몇 가지 기술의 조합이라는 사실을 깨닫게 되었다. 그러한 전달의 기술은 텔레비전 방송의 기나긴 역사 속에서 방송사들이 치열한 시청률 전쟁을 펼치는 가운데 발전시킨 것이다.

이 책은 각 텔레비전 방송국의 제작 현장에서 매뉴얼도 없이 입에서 입으로만 전해져 온 '전달의 법칙'을 체계화해서 설명한 것이다.

텔레비전 방송 업계에 갓 뛰어들었을 때, 나는 후지TV 사옥 13층에서 야외 촬영 때 사용했던 플립보드를 바닥에 깔고 자며 거의 살다시피 했다. 그런 힘든 생활을 견디지 못하고 현장을 떠난 사람도 많았다. 힘든 조연출 생활을 견뎌내고 나아가 신인 연출가 시절의 압박감을 극복한 사람만이 손에 넣을 수 있었던 '전달의 법칙'을 이 책을 읽는 것만으로 얻게 된다.

- 설명이나 프레젠테이션, 협상에 능숙해진다.
- 많은 사람들이 참가하는 화상회의에서 침묵이 흐르는 상황을 방지할 수 있다.
- 사소한 잡담 속에서도 상대의 기억에 남는 이야기를 할 수 있다.
- 면접에서 채용 담당자에게 좋은 인상을 남겨 합격률을 높일 수 있다.
- SNS의 팔로워가 늘어난다.

▪ 상품을 좀 더 많이, 좀 더 비싼 가격에 팔 수 있다.

이 책에서 소개하는 '전달의 법칙'을 활용하면 이와 같은 일상의 다양한 상황에서 더 나은 결과를 만들어낼 수 있다.

신참 연출가들은 기존 방송의 구성이나 편집 노하우를 훔치면서 실력을 키워나간다. 당신도 이 책의 노하우를 훔쳐서, 말하자면 성공 사례를 벤치마킹해서 일상생활뿐 아니라 업무와 비즈니스에 십분 활용하기 바란다. 훔친 것도 자신의 내면에 정착시키면 '나만의 독자적인 것'이 된다.

지금부터 방송계 사람들이 남몰래 간직하고 있던 전달의 법칙을 알아보자.

2021년 3월, 모토하시 아도

Chapter

03

상대방의 뇌 속에 집어넣는 전달법

Chapter
04

별것 아닌 것을 가장 좋게 만드는 마법의 단어

Chapter

05

전달력을 100% 끌어올리는
비장의 테크닉

지금 당장
활용하는
전달의 기술

평범함이 매력으로
둔갑하는 기술

Q uestion

친구가 이번에 개업한 자신의 카페를 블로그에 소개해달

라고 부탁했다. 카페에 직접 가보니 인테리어는 지극히

평범하고, 커피와 케이크도 맛이나 모양 등에서 특별한

점을 찾아볼 수가 없었다. 게다가 월세를 줄이느라 외진

곳에 점포를 빌려 접근성이 몹시 떨어졌다. 내가 갔을 때

도 손님이라고는 한 명도 없이 썰렁할 뿐이었다.

친구의 가게를 매력적으로 소개할 '한마디'가 없을까?

여러분이라면 친구의 카페를 블로그에 어떻게 소개하겠는가? 이 상황은 실화를 바탕으로 각색한 것이다. 텔레비전 방송에서는 새로 문을 연 가게나 최근에 화제를 모으고 있는 가게를 종종 소개한다. 하지만 그런 가게들이 모두 남다르게 좋거나 잘나가는 것은 아니다. 실제로 찾아가 보면 너무 평범해서 실망하는 경우도 드물지 않다.

당시에는 '이 가게를 대체 어떻게 소개해야 하지?' '어떤 식으로 방송을 만들어야 시청자들의 흥미를 끌 수 있을까?'라고 머리가 터져라 고민한 적이 꽤 많았다. 그런데 이때 솔직하게 "이 가게는 딱히 내세울 만한 것이 없습니다"라는 내용으로 방송을 만들면 무슨 일이 일어날까?

연출가의 목이 날아간다.

방송사는 제작사의 프로듀서를 불러서 "방송을 이따위로 만들면 대체 어쩌자는 거요?"라고 항의하며 당장 다른 연출가로 바꾸라고 요구할 것이다. 프로야구 선수로 치면 주전에서 밀려나는 것이다. 이것을 방송계에서는 "NG(No Good)가 났다"고 말하는데, 텔레비전 방송에서는 심심치 않게 일어나는 일이다. 실력이 있어야 살아남을 수 있는 세계, 혹은 설령 실력이 없더라도 '전달의 기술'을 습득하고 그것을 활용해서 방송을 만들

줄 아는 사람만이 살아남을 수 있는 가혹한 세계다.

잘린 연출가는 하루아침에 실업자가 된다. 다시 말해 연출가에게 NG는 곧 생계의 위기를 의미한다. 그런 까닭에 연출가는 자신과 가족의 생계를 지키기 위해서라도 목숨을 걸고 그 가게를 '최고의 가게'로 포장해서 방송한다.

다만 요즘처럼 모든 것이 쉽게 공개되는 시대에 방송에서 거짓말을 하는 것은 자살 행위나 다름없다. 거짓 방송을 하면 대중에게 어마어마한 비난을 받게 되고, 연출가를 교체하는 정도로는 수습할 수 없는 사태가 벌어진다.

그렇다면 어떻게 해야 할까? 먼저 앞에서 낸 문제의 답을 공개하겠다.

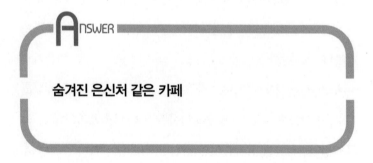

ANSWER

숨겨진 은신처 같은 카페

익숙한 표현이
사실은 전달력의 치트키

"숨겨진 은신처 같은 ○○."

텔레비전 방송에서 자주 들을 수 있는 말이다. 커피나 케이크의 맛, 인테리어 등을 내세울 수 없다면 관점을 살짝 비틀어서 '접근성이 떨어지고 손님이 없다'는 단점을 장점으로 바꿔서 말한다.

제4장에서 자세히 이야기하겠지만 이렇게 연출하면 거짓말을 하지 않고도 평범한 가게를 매력적으로 묘사할 수 있다. 텔레비전 방송 연출가들은 이런 간단한 기술을 사용함으로써 거짓말을 하지 않고도 자신이 의도한 방향으로 정보를 전달하는 것이다.

요즘은 텔레비전을 '구시대의 미디어'라고 부르기도 한다. 하지만 다른 관점에서 생각하면 그만큼 역사가 깊다는 뜻이기도 하다. 약 70년에 이르는 텔레비전 방송의 역사는 치열한 시청률 전쟁의 역사이기도 하다. 방송을 만드는 사람들은 한 명이라도 더 많은 사람이 자신들의 방송을 시청하도록, 도중에 채널을 돌리지 않도록 최선을 다해 모든 기술을 동원했다. 요컨대 '전달의 법칙'을 발견하느냐 못 하느냐의 싸움이었던 것이다.

이 책에서는 방송에서 사용한 '전달의 법칙'을 일상생활에서도 활용할 수 있도록 살짝 변형해서 소개할 것이다. 이것을 실천하면 다음과 같은 여러 가지 상황에서 자신이 원했던 결과를 얻을 수 있다.

- 전하고자 하는 메시지를 명확하게 전달할 수 있다.
- 영업에 성공해 상품을 대량으로 판매할 수 있다.
- 면접에서 강하게 어필해 입사에 성공할 수 있다.

이 책에 소개된 노하우는 누구나 간단하게 자신의 것으로 만들 수 있다. 당신이 매일 텔레비전에서 보고 있는 친숙한 구성과 표현 방법이기 때문이다. 책을 읽다 보면 틀림없이 '텔레비전에 자주 나오는 거구나!' '이런 장면에서 자주 사용되던 거네!'라며 실제 방송 장면을 떠올리게 될 것이다. 어쩌면 '다 아는 거잖아?'라고 생각하는 사람도 있을지 모른다.

그러나 아는 것과 실제로 활용하는 것은 별개의 문제다. 게다가 이미 알고 있는 지식을 완전히 자신의 것으로 만들면 처음 접하는 지식을 습득하는 것보다 훨씬 쉽고 즉시 활용할 수 있다. 당장 오늘 회의에서 써먹는다든지, 세일즈를 할 때 기존의 방식을 수정해서 적용해볼 수 있는 것이다.

온라인 시대 핵심은
주목을 끄는 기술

코로나19 팬데믹으로 재택근무와 사회적 거리 두기가 시작되면서 회의와 미팅, 프레젠테이션, 접객, 채용 면접, 심지어 회식까지 온라인으로 하게 되었다. 커뮤니케이션 장소가 실제 세계에서 인터넷 세계로 이동한 것이다.

오프라인 대면에서 온라인 대면으로 주류가 바뀌었다. 중간에 화면을 하나 거치게 되었는데, 그로 인해 정보나 메시지가 제대로 전달되지 않아 사람들은 큰 혼란에 빠졌다. 실제로 다음과 같은 고민을 호소하는 사람들을 종종 만난다.

▪ 특히 참가자가 많은 회의에서는 상대가 이야기를 제대로 듣고 있

는지 알기 어렵다.

- 어떻게 주목을 끌어야 할지 모르겠다.

- 어떤 부분에 힘을 주고 어떤 부분에 힘을 빼야 할지 판단하기 힘
  들다.

그런데 이런 고민을 이미 오래전에 극복한 세계가 있다. 바로 텔레비전 방송 업계다. 텔레비전 방송의 세계에서는 시청자에게 정보나 메시지를 전달하는 방법을 매일같이 꾸준히 업데이트하고 있다. 20년 전의 영상을 보면 왠지 구식이라는 느낌을 받는데, 이것은 구성과 연출이 지속적으로 업그레이드됐다는 증거다.

다만 그런 가운데서도 변하지 않은 것이 딱 하나 있다. 텔레비전 방송은 언제나 화면 너머에 있는 시청자에게 정보를 전달해왔다는 점이다.

지금까지 텔레비전 방송은 화면을 통해 방대한 양의 정보를 시청자에게 전달하고, 시청자의 감정을 움직였으며, 소비를 촉진해왔다. 텔레비전에서 신상품이나 음식을 소개하면 시청자들에게 그 매력이 전해져 거대한 규모의 소비가 이루어진다. 특히 상품의 판매를 목적으로 방송하는 텔레비전 홈쇼핑은 폭

발적인 판매를 기록하기도 한다. 이것은 70년 동안 꾸준히 발전해온 '온라인으로 메시지를 전달하는 노하우'를 응축했기 때문이다. 요컨대 방송을 만드는 연출가는 온라인으로 정보를 전달하는 전문가인 셈이다.

텔레비전 방송 제작에 종사하는 사람으로서는 안타까운 일이지만, 텔레비전의 영향력은 점점 줄어들고 있다. 그러나 지금과 같은 온라인 세상은 텔레비전 방송에서 사용되고 있는 노하우가 그 무엇보다도 필요하다.

물론 이 책에서 소개하는 노하우는 실생활에서도 크게 활용될 수 있다. 난이도가 더 높은 온라인에서 힘을 발휘하는 노하우이므로 실생활에서는 더욱 강력한 힘을 발휘하는 것이다. 당신도 텔레비전 업계에서만 사용되어 온 '전달의 법칙'을 활용하면 주위 사람들보다 '조금 더 유리한 인생'을 살 수 있을 것이다.

전달은 기술이다.

지극히 평범한 사람과 상품도

시점을 살짝 비틀면 매력적으로 바꿀 수 있다.

/

상대의 관심을
끌어당기는
전달력 포인트

유튜브,
단 10분 만에 사로잡는 기술

"당신은 유튜브를 좋아하십니까?"

이렇게 물어보면 아마도 대다수가 그렇다고 대답할 것이다. 이제 텔레비전은 구시대의 유물이며 앞으로는 유튜브의 시대가 될 것이다. 텔레비전 업계의 관계자로서 참으로 마음이 복잡하지만, 솔직히 나 역시 유튜브를 꽤 좋아한다. 끊임없이 올라오는 추천 동영상을 보느라 시간 가는 줄도 모르고 스마트폰에 장시간 시선을 고정할 때가 종종 있다.

여기서 질문을 하나 더 하겠다.

"유튜브 동영상과 텔레비전 방송 프로그램 중 어느 쪽이 더 시간이 길까?"

유튜브 동영상은 비교적 시간이 짧은 편이다. 수십 초밖에 안 되는 동영상도 있고 길어봐야 30분 남짓이다. 반면 텔레비전 방송은 짧아도 30분 이상이며 보통 1시간에서 길면 2시간짜리도 있다. 텔레비전 방송 시간이 압도적으로 긴 것이다.

이 차이는 어디에서 비롯되는 것일까? 유튜브 동영상은 개인이 한정된 시간에 편집해야 하므로 긴 동영상을 만들기가 어렵다는 근본적인 문제도 있지만, 가장 큰 이유는 '구성'과 '연출'이다.

여기에서 말하는 '구성'은 정보나 메시지를 전달하기 위한 구조를 말한다. '연출'은 정보나 메시지를 더욱 매력적으로 보여주는 기술이다. 이러한 구성과 연출이 있느냐 없느냐, 혹은 그 기술력의 차이가 유튜브 동영상과 텔레비전 방송의 길이 차이로 직결되는 것이다. 그 차이를 알면 이 책에서 소개하는 '전달의 법칙'의 의미와 효과를 이해하는 데 도움이 된다.

그러면 지금부터 텔레비전 방송 제작 현장에서 실제로 사용되고 있는 '구성'과 '연출' 기법을 예로 들어 그 비밀을 설명하겠다.

절대 채널을
돌리지 않는 구성

지금부터 이야기할 것은 방송을 제작할 때 자주 사용되는 매우 중요한 기법이다.

먼저 다음 두 문장을 보자. A와 B는 완전히 같은 의미이며 사용한 단어도 거의 같다. 그러나 읽어보면 B가 더 강한 인상을 주는데, 이것은 어떤 요소를 가미했기 때문이다.

A : 사장이 '전 사원 급여 10퍼센트 인상'이라는 결단을 내린 덕분에 회사는 커다란 성장을 이루었다.

B : 회사가 커다란 성장을 이루는 계기가 된 사장의 결단. 그것은! '전 사원 급여 10퍼센트 인상'.

B는 A의 문장에 텔레비전 방송에서 자주 사용되는 일명 '흔들기'와 '받기'라는 기본 구조를 집어넣은 것이다. 그 결과 A보다 활력이 느껴지며, '급여 10퍼센트 인상'이 더욱 강조된다.

'흔들기'와 '받기'는 방송을 구성하는 데 매우 중요한 요소다. '흔들기'와 '받기'야말로 '채널을 돌리지 못하게 한다', '다음 내용이 궁금해지도록 만든다'는 텔레비전 방송 특유의 구성을 완성할 수 있다고 해도 과언이 아니다.

'그것은!' 한마디로 주의를 끈다

'흔들기'와 '받기'는 구체적으로 어떤 것일까? 앞의 예문을 '흔들기'와 '받기'로 나누면 다음과 같다.

> 흔들기
> 회사가 커다란 성장을 이루는 계기가 된 사장의 결단. 그것은!
> 받기
> '전 사원 급여 10퍼센트 인상'.

'받기' 부분에는 문장에서 가장 강조하고 싶은 말을 배치한다. 이 문장에서 강조하고 싶은 부분은 '전 사원 급여 10퍼센트 인상'이다. 그리고 '받기' 앞에 배치하는 '흔들기'는 '받기'를 설명하는 말과 '흔드는 말'(예문에서는 '그것은!')을 한 세트로 묶은 부분이다. 강조하고 싶은 말 바로 앞부분에 설명과 함께 '그것은'이나 '그래서'라는 흔드는 말을 배치한다. 이것이 '흔들기'와 '받기'의 구조다. 참고로 흔드는 말로 대표적인 것은 '그것이', '그것은', '그래서', '그리고', '게다가' 등이 있다.

'흔드는 말'을 보면 하나같이 아주 친숙하고 흔히 사용하는 말임을 알 수 있다. 이것이 바로 포인트다. 사람들은 텔레비전을 보면서 '방송을 보는 법'을 자연스럽게 터득한다. 그래서 '그것이', '그것은' 같은 흔드는 말이 나오면 무의식중에 '지금부터 중요한 포인트구나'라고 인식하고 텔레비전에 의식을 집중한다.

가령 설거지를 하면서 건성으로 텔레비전을 틀어놓고 있더라도 '그것은'이라는 흔드는 말이 흘러나온 순간 접시를 닦던 손을 멈추고 텔레비전 앞으로 간다. 스마트폰을 만지작거리고 있을 때도 텔레비전에서 '그것이'라는 내레이션이 흘러나오면 고개를 들어 텔레비전 화면을 바라본다. 그리고 텔레비전에서

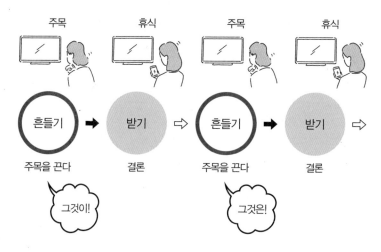

시청자가 피곤하지 않게 하는 텔레비전 방송 구조

연출가가 가장 전하고 싶어 하는 중요한 '받기'의 말이 흘러나오면 '아, 그렇구나'라고 수긍한 뒤 다시 설거지를 하거나 스마트폰을 들여다본다.

사실 텔레비전 방송은 '흔들기'를 사용해서 '지금 중요한 순간입니다'라는 신호를 보내 시청자의 관심을 끌고, '받기'를 보내 잠시 틈을 주었다가, 다시 '흔들기'를 사용해서 관심을 끄는 패턴을 계속 반복한다. 적당히 틈을 주다가 중요한 순간에는 확실하게 시청자의 관심을 끈다. 그 결과 시청자는 스스로 머리를 쓰지 않아도 방송 내용을 파악할 수 있다.

이제 다시 앞에서 했던 질문으로 돌아가자. 유튜브 동영상의 길이가 짧은 이유는 무엇일까? 답은 간단하다. 유튜브 동영상은 오랫동안 계속 보기 힘들기 때문에 짧게 만드는 것이다. 유튜브 동영상은 오랫동안 보고 있으면 피곤하다. 반면 텔레비전 방송은 계속 보더라도 피곤하다는 생각이 들지 않는다. 왜냐하면 '흔들기'와 '받기'를 사용하기 때문이다.

STEP 1
강조하고 싶은 포인트를 선택해 '받기'에 배치한다.

STEP 2
'받기'로 연결시키는 말을 '흔들기'에 배치한다.

STEP 3
적절한 '흔드는 말'을 고른다.

'흔들기'와 '받기' 구조를 만드는 방법

이 3단계를 통해 완급을 조절한 강조 문장을 만든다.

유튜브에 올라오는 대부분의 동영상은 '흔들기'와 '받기'를 통한 완급 조절이 되어 있지 않다. 그래서 계속 주시하지 않으면 이야기의 흐름을 파악할 수 없을 뿐만 아니라 중요한 부분을 놓칠 수 있다. 중요한 포인트가 무엇인지를 시청자 자신이 생각하면서 봐야 한다. 이것은 곧 긴장을 풀 수 없다는 것, 그래서 장시간 시청하면 피곤하다는 뜻이다.

이런 경험에서 사람들이 무의식중에 짧은 동영상을 선호하게 되었으며, 그 결과 유튜브 동영상 시간이 짧아진 것이다.

내 이야기를
듣고 싶게 만들어라

상대에게 정보를 확실히 전달하고 나아가 머릿속에 각인시키기 위해 지켜야 할 철칙이 있다.

상대를 피곤하지 않게 할 것.
상대가 머리 쓰지 않게 할 것.

예를 들어 고객이나 채용 면접관, 혹은 자신의 반려자에게 어떤 이야기를 하거나 교섭을 할 때, '이야기를 듣는 쪽'은 우리(이야기를 하는 쪽)가 생각하는 것만큼 열의가 높지 않다.

> 상대는 당신이 생각하는 것 이상으로 당신의 이야기를 듣고 싶은 마음이 없다.

안타깝지만 이것이 현실이다. 뒤집어 생각하면 '이야기를 듣고 싶은 마음이 없는 상대가 듣고 싶다는 생각이 들도록 만드는' 것이야말로 전달법의 진수라고 할 수 있다.

당연한 말이지만 상대가 없으면 커뮤니케이션은 성립하지 않는다. 또한 같은 이야기를 해도 기분이나 몸 상태, 지금 얼마나 바쁜지 등 상대의 컨디션이 좋은가 나쁜가에 따라 받아들이는 인상이 크게 달라진다. 정보의 전달은 상대의 컨디션과 상황에 좌우된다는 말이다.

물론 상대의 컨디션이 좋은 타이밍을 골라서 프레젠테이션을 하기란 현실적으로 불가능하다. 그렇다면 최선의 방법은 '이쪽에서 상대를 좋은 컨디션으로 만들어주는 것'이다. 이때 반드시 피해야 하는 상황이 있다. 상대가 '그러니까 결국 하고 싶은 말이 뭐야?'라는 의문을 느끼게 해서는 안 된다. 의문을 갖는 것, 다시 말해 '생각하는 행위'는 상당한 에너지가 요구된다. 이러한 에너지가 소비되는 시점에서 이미 커뮤니케이션은 실패한 것이나 마찬가지다. 그렇지 않아도 상대의 이야기를 듣고 싶지 않은 사람이 굳이 머리를 써서 생각하고 고민할 리가 없다. 설령 생각을 하더라도 여기에 에너지를 투입하느라 집중력이 끊어지므로 당신의 이야기를 듣고 싶은 마음이 더더욱 사라진다.

상대가 당신의 이야기에 관심을 보이도록 만든 다음 이야기의 핵심에 다가가는 중요한 부분에서 생각하는 데 에너지를 사용하게 하는 것이 바람직하다. 그래서 더더욱 상대를 피곤하지 않게, 머리를 쓰지 않게 해야 하는 것이다.

익숙한 말이
최강의 무기가 된다

'메시지가 잘 전달되는 구성과 연출'이란 상대가 무리 없이 받아들일 수 있는 구조를 말한다. 메시지가 잘 전달되도록 구성된 텔레비전 방송은 누구나 스트레스를 받지 않고 내용을 쉽게 이해할 수 있다. 그리고 '너무 재미있어서 시간 가는 줄도 모르고 보다 보니 어느새 끝이 났다'든가, '빨리 다음 편도 보고 싶은데 다음 주까지 어떻게 기다리지?'라는 생각이 든다.

반대로 방송을 보고 있으면 피곤해지거나 무슨 이야기를 하는지 모를 경우 시청자는 곧바로 채널을 돌려버린다. 이것은 '시청률 저하 → 방송 종료 → 연출가의 수입 격감'이라는 최악의 결과를 초래한다. 그래서 방송 연출가들은 자신의 생계를 위해 시청자가 채널을 고정하도록 노력하는데, 그 노하우의 핵심이 바로 시청자에게 피로감을 주지 않으면서 정보를 전달하는 것이다. 이에 관해서는 지금까지 반복해서 이야기해왔다. 상대에게 피로감을 주지 않으면서 정보를 전달하고자 할 때 매우 중요한 점이 있다. 흔한 말, 흔한 표현을 사용한다는 것이다.

주위에 다음과 같이 말하는 사람들이 있을 것이다.

> ① 프라이어리티를 정한 다음 디스커션을 하는 게 좋겠어!
> ② 놀리지의 공유가 베스트 프랙티스로 이어집니다.

최근 들어 외국어를 많이 쓰는 사람들이 늘어나고 있다. 유식하다는 것을 과시하고 싶은지는 모르겠지만, '어떻게 메시지를 효과적으로 전달할 것인가?'라는 관점에서는 빵점이라고 할 수밖에 없다. '그것은', '그리고' 등의 흔드는 말이 효과적인 이유는 흔히 들을 수 있는 귀에 익은 말들이기 때문이다.

이것은 비단 흔드는 말에만 적용되는 이야기가 아니다. 귀에 익지 않은 말이 나오면 이야기를 듣는 사람의 머릿속에는 물음표가 뜨고, 그 순간 상대의 말을 듣고 싶은 마음이 뚝 떨어진다. 따라서 정말로 상대가 내 이야기를 들어주기를 바란다면 이렇게 표현해야 한다.

① 우선순위를 정한 다음 이야기를 나누는 것이 좋겠어.
② 지식을 공유하는 것이 가장 효율적인 방법입니다.

이렇게 말하면 상대도 금방 이해할 수 있다.

이처럼 일상에서 대화할 때 누구나 이해할 수 있는 '흔한 말, 흔한 표현'을 사용하는 것도 메시지나 정보를 전달하는 데 매우 중요하다. 이것은 달리 말해 정해진 '틀'만 기억하면 어휘력을 높이기 위해 공부하거나 언어적인 센스를 갈고닦지 않더라도 누구나 '전달의 법칙'을 활용할 수 있다는 말이다.

지금까지 설명한 것이 이 책에서 소개하는 노하우의 핵심이다. 연출가들은 자신의 생계가 걸려 있으므로 죽을힘을 다해 이런 기법을 갈고닦는다. 그리고 이것이 내가 텔레비전 방송 제작 노하우에는 '전달법의 진수'가 응축되어 있다고 주장하는 이유다.

물론 텔레비전 방송계에서는 '흔들기'나 '받기' 말고도 다양한 정보와 메시지 전달 기술을 사용한다. 그런 기술들은 방송 제작뿐만 아니라 일상의 대화나 상담, 설명, 프레젠테이션, 온라인 화상회의 등 얼굴을 맞대고 이야기를 나누는 상황은 물론이고 SNS나 블로그, 인터넷 쇼핑몰의 상품 설명에서 정보나 메시지를 전달할 때도 활용할 수 있다.

지금부터 소개하는 '전달의 법칙'을 활용해 전하고자 하는 메시지를 상대의 마음속에 각인하는 강력한 표현을 만들어내기 바란다.

'이야기를 듣고 싶은 마음이 없는 상대가

듣고 싶다는 생각이 들도록 만드는' 것이야말로

전달법의 진수이다.

/

전달력,
첫 1분에
달렸다

상대가
들을 준비가 되었는가?

'시작이 반'이라는 말은 일상적인 커뮤니케이션에도 적용된다. 당신의 이야기를 귀 기울여 들을지 말지, 혹은 당신이 쓴 글을 끝까지 읽을지 말지를 상대는 최초 1분 안에 판단한다.

상대가 '이 이야기, 재미있어 보이는데?' '나한테 도움이 될 것 같아'라고 생각하도록 만들 수 있느냐 없느냐는 처음의 '붙잡기'가 성공하느냐 실패하느냐에 달려 있다.

이것은 텔레비전 방송도 마찬가지다. 오후 7시나 9시 등의 황금 시간대에 리모컨 채널 버튼을 빠르게 눌러대며 어떤 프로그램을 볼지 물색했던 경험이 있을 것이다. 시작 부분에서 마음을 붙잡지 못하면 시청자는 즉시 채널을 돌려버린다. 물론 수많은 사람들이 똑같은 행동을 하고 있으므로 시청률에도 영향을 미친다.

텔레비전 방송 연출가는 그 무서움을 뼈에 사무칠 만큼 잘 알고 있다. 그래서 방송을 제작할 때 한순간에 시청자의 마음을 사로잡기 위해 다양한 기술을 구사한다. 그중에서 우리의 일상생활에도 활용할 수 있는 편리한 기법을 3가지 소개하겠다.

핵심은
전진 배치하라

'내 이야기를 제대로 들어달라고!'

상사에게 새로운 기획을 제안할 때, 클라이언트에게 신상품을 소개할 때, 혹은 아내에게 새 차 구입을 허락받고 싶을 때 등, 일상을 살다 보면 '상대가 자신의 이야기를 귀 기울여 들어줬으면 하는' 상황이 종종 발생한다. 다만 요즘 세상에 시간이 남아도는 사람은 없으므로 이쪽의 이야기를 제대로 들어주지 못하는 경우도 많다. 아무런 궁리도 없이 장황하게 이야기를 시작해서는 누구도 당신의 이야기를 진지하게 들어주지 않을 것이다.

"결론부터 말하시오"라고 적혀 있는 커뮤니케이션 관련 서적이 많은 것은 바로 이 때문인데, 설령 결론부터 말하더라도 "흐음……"이라는 반응만 돌아오고 이야기가 끝나 버리는 경우가 적지 않다. 특히 온라인 화상회의나 미팅 등 복수의 인원이 비대면 커뮤니케이션에 참여하는 상황에서는 많은 주의가 필요하다.

사실 텔레비전 방송 제작의 현장에는 이와 관련된 테크닉이 존재한다. '상대가 나의 이야기를 들어주지 않는 상황은 텔레비전 업계에서 '시청자가 채널을 돌려버리는 것'이다. 여기에서는 그런 상황을 방지하기 위해 사용하는 기술을 소개하겠다.

법칙02

오프닝 타이틀로 기대감을 심어준다

오프닝 타이틀이란 방송 시작 부분에 배치하는 요약 영상을 말한다. 정보 프로그램에서 이런 장면을 본 적이 있을 것이다. 신나는 배경음악과 함께 다음과 같은 내레이션이 흘러나온다.

"오늘 '○○(방송명)'에서는 지유가오카의 최신 디저트와 시청자 여러분의 눈을 사로잡을 최고의 인스타그램 핫플레이스를 한꺼번에 소개해드리겠습니다!

제작진이 그곳에서 본 것은!"

"우와~!"(출연자의 리액션)

테이블 위에 놓여 있는 디저트를 '환상의 디저트'라는 커다란 자막으로 가려놓는다.

'시청 포인트는 여기입니다', '채널을 고정할 가치가 있습니다'
라는 '프로그램의 핵심 매력'을 시작 부분에서 전하는 것이다.

아무리 재미있는 인기 방송이라도 모든 부분을 시청 포인트
로 구성할 수는 없다. 개중에는 시청 포인트로 끌고 가기 위한
'가교', 서론에 해당하는 '설명 블록' 등 시청자가 채널을 돌리
는 일명 '재핑(zapping) 포인트'도 존재한다. 그런데 시작 부분의
'오프닝 타이틀'에서 방송의 클라이맥스 부분을 미리 보여주면
시청자들의 머릿속에 '계속 보면 자세한 내용과 연예인이 깜짝
놀라는 재미있는 장면이 나오겠구나'라는 의식을 심어주어 채
널을 돌리는 것을 방지할 수 있다.

다만 단순히 프로그램 요약 영상만을 내보내서는 안 된다.
'지금부터 시작되는 이야기에는 재미있고 유익한 정보가 담겨
있습니다'라는 것을 확실히 보여주어야 한다. 시청자(이야기를
듣는 사람)가 이 방송을 봄으로써 얻게 될 이익을 명확히 제시해
야 한다. 그래야 상대도 이쪽의 이야기를 듣고 싶은 마음이 들
고, 이 상태에서 본론으로 들어가면 상대의 집중력이 지속되기
때문에 메시지 전달력이 크게 향상된다.

예를 들어 관심 있는 상대에게 점심을 같이 먹자고 말하고
싶다면 어떻게 하겠는가. "오늘 같이 점심 먹을래요?"라고 직

접적으로 물어보기 쉽다. 그보다는 "얼마 전 텔레비전에서 이 근처에 있는 중국집을 소개했는데, 굉장히 맛있어 보이더라고요. 오늘 점심에 같이 가보지 않을래요?"라고 말해보자.

전자의 경우 상대는 '이 사람과 점심을 먹으러 갈까, 말까?' 망설이게 된다. '이 제안을 받아들였을 때 내게 어떤 이익이 있는가?'를 생각하기 시작한다는 말이다. 그러나 후자의 경우 얻게 되는 이익(맛있는 중국 요리를 먹을 수 있다)이 명확하므로 권유를 받아들일 가능성이 높다.

직장에서 좋은 기획이나 아이디어를 제안할 때도 마찬가지다. "오늘 제안할 기획은 30대 여성을 타깃으로 한 것으로서……"라는 식으로 주변 정보부터 설명하기 시작하면 듣는 사람의 머릿속에는 물음표가 뜨게 된다. 또한 '들을 가치'가 있는 정보인지 아닌지 알 수 없기 때문에 이를 판단하기 위해 머리를 써야 한다.

"이번 프로젝트는 '고객이 단 1엔의 지출도 하지 않고 5천 엔의 이익을 볼 수 있는 기획'입니다!"와 같이 상대가 얻게 되는 이익을 먼저 제시해보자. 흥밋거리를 던져서 이야기를 듣고자 하는 마음가짐으로 바꿔놓은 다음 자세한 설명에 들어가는 것이다. 그러면 상대는 세세한 주변 정보에도 귀 기울이게 된다.

사람은 자신에게 이익이 있을 때 비로소 움직이기 시작한다. 앞으로 어떤 이야기를 하려는 것인지, 그 이야기를 들으면 어떤 이익이 있는지, 전반적인 내용을 명확히 드러내서 기대감을 높인 다음에 이야기를 시작한다. 이것은 비즈니스에서든 일상생활에서든 교섭이나 제안, 설명 등을 할 때 반드시 성공하는 기술이다.

같은 경험을
끌어내라

텔레비전 정보 프로그램을 보면 길거리 인터뷰가 자주 나온다. 유동 인구가 많은 거리나 지역의 상점가를 지나가던 '지극히 평범한' 아저씨 아주머니에게 말을 걸어 어떤 주제에 대한 생각을 듣는 형식이다. 면밀하게 조사해서 모은 가치 있는 정보를 제공해야 할 텔레비전 방송이 왜 전문가도 아닌 일반인의 인터뷰를 내보내는 것일까?

여기에는 명확한 이유가 있다.

방송을 보는 사람의 '공감'을 얻기 위함이다.

'남편의 싫은 점', '정치에 관해 요즘 느끼는 점' 등 설령 정보로서 가치가 없는 이야기라고 해도 자신의 생각과 같다면 시청자는 '맞아, 맞아. 내가 하고 싶은 말이 저거라니까!'라고 생각한다. 그렇게 되면 시청자들은 순식간에 몰입하게 된다.

흔한 질문으로 공감을 얻는다

　공감을 얻는 것은 정보와 메시지를 전달하기 위해 반드시 지켜야 할 철칙이다. 공감을 느끼느냐 느끼지 않느냐에 따라 이야기를 듣는 자세가 크게 달라지기 때문이다. 감정이 움직여야 상대의 이야기를 듣고자 하는 마음가짐이 생겨난다. 따라서 상대의 감정을 쉽고 빠르게 움직일 수 있도록 공감을 얻기 위한 구조를 앞부분에 배치한다.

　효과적인 방법은 프레젠테이션이나 협상을 시작할 때, 글 첫머리에 지금부터 이야기할 화제와 관련된 흔한 질문을 던지는 것이다. 이때의 포인트는 '흔한 질문'이라는 것이다. 어디까지나 상대의 공감을 얻기 위한 질문이므로 상대에게 "맞아요", "그렇지요"라는 대답을 끌어낼 수 있어야 한다. 시작 부분에서 2~3회 정도 공감을 얻었다면 이제 본론으로 넘어간다.

① 길거리 인터뷰를 통해 문제점을 명확히 제시한다

② 시청자가 인터뷰에 공감한다

③ 공감을 얻었다면 본론으로 들어간다

상대에게는 특이할 것이 없는 평범한 대화였을지라도 '메시지를 전달하는 쪽'과 '전달받는 쪽'이 공통의 화제에 대해 같은 의견을 갖게 되므로 '기꺼이 이쪽의 의견을 들어주려는 마음가짐'이 생겨난다.

예를 들어 고객에게 사무실용 복합기를 교체하는 것이 좋겠다고 제안한다고 하자.

"요즘 복사 용지가 걸리는 일이 많지는 않나요? 그것도 꼭 정말 급할 때 걸려버리죠? 회의에 가져가야 하는데 복사 용지가 걸리는 바람에 늦어져서 난처했던 적은 없으신가요?"

이와 같이 흔히 일어날 수 있는 상황에 대해 질문한 다음 협상에 들어가면 상대가 제안을 받아들일 가능성이 커진다. 분명히 상대도 같은 경험을 해본 적이 있기 때문이다.

맛집 평가 사이트에서 평점이 높은 식당을 찾아갔는데 실망했던 이야기를 블로그에 쓴다고 하자. 평범하게 글을 쓰면 조금 읽다가 '그냥 네가 잘못 고른 거잖아'라고 생각하며 창을 닫아버리는 사람들이 있을 것이다. 이럴 때는 다음과 같이 질문하는 형식으로 글을 써보자.

"맛집 사이트에서 평점이 5점 만점에 3.5점 이상이기에 기대를 품고 찾아갔는데 너무 평범해서 실망했던 경험은 없으신가요?"

"사진에 나오는 식빵은 폭신폭신하고 정말 맛있어 보였는데 직접 가서 먹어보니 생각했던 것과 전혀 달랐던 적은 없으신가요?"

이에 공감한 사람들은 당신의 실패담을 자신의 일처럼 느끼고 끝까지 글을 읽고 싶은 마음이 생긴다. 홈쇼핑 광고에서 친숙하게 볼 수 있는 구조도 이 법칙을 기반으로 만들어진 것이다. 홈쇼핑 광고에는 보는 사람의 감정을 자극해 결코 적지 않은 금액을 지갑에서 꺼내도록 만드는 강력한 힘이 있으니 프레젠테이션이나 상담 등에 꼭 참고하기 바란다.

상대의 조급증을
자극한다

'이건 비장의 카드니까 마지막까지 들고 있자.'

사소한 잡담부터 상담, 프레젠테이션까지 우리는 커뮤니케이션을 할 때 이렇게 생각하는 경우가 많다. '결론은 마지막에 말해야지'라든가 '강렬한 인상을 주면서 프레젠테이션을 마무리하자'는 심리인 것이다. 심지어 이것이 커뮤니케이션의 철칙이라고 생각하기도 한다. 말하자면 '주인공은 마지막에 등장한다'는 것이다.

아마도 마지막에 커다란 반전을 주고 끝나는 식으로 전개되는 영화나 소설에 익숙하기 때문인지도 모른다. 물론 영화나 소설에서는 그런 식으로 스토리를 전개할 수 있다. 치밀한 스토리 구성과 흥미진진한 촬영 기법, 긴장감을 주는 음악, 배우의 연기까지 관객이나 독자가 몰입할 수 있는 장치들을 동원하기 때문이다.

하지만 일상에서 이야기를 할 때는 상대의 집중력을 끝까지 유지하기가 매우 어렵다. 아니, 단언컨대 불가능하다.

프레젠테이션을 마무리할 때쯤 되면 집중력이 떨어져서 다른 것에 한눈파는 '숨은 이탈자'가 나타날 확률이 상당히 높다. 특히 집에서 온라인 화상회의에 참여하는 경우에는 도중에 몰래 텔레비전을 보거나 스마트폰으로 인터넷 서핑을 하거나 메신저를 들여다보는 등 시간이 지날수록 이야기를 듣고자 하는 마음이 사라진다. 요컨대 중요한 정보를 나중에 꺼낼수록 강한 인상을 주기가 힘들다는 것이다.

그렇다면 어떻게 해야 할까? 답은 간단하다.

비장의 카드는 앞에 꺼낸다

무조건 강렬한 것, 인상 깊은 것, 충격적인 것을 앞에 먼저 꺼낸다.

텔레비전 방송 촬영을 갔을 때 생각지도 못한 좋은 소재를 발견했다면 이 법칙에 따라 원래 한 달 뒤에 방송할 예정이었더라도 일정을 조정해 최대한 빨리 방송에 내보낸다. 물론 연출가를 비롯한 현장은 당혹감 속에서 혼란에 빠지겠지만, 더 재미있고 유익한 정보를 전달하는 것이 텔레비전 방송의 역할이기에 모두 당연하다는 듯이 그렇게 한다.

'유익한 정보나 요점은 최대한 빨리 알고 싶어!'
'정보를 전달받는 사람'이라면 이렇게 생각하지 않겠는가?

따라서 상대방의 그 바람을 이뤄주면 되는 것이다. 상대의 마음을 우선적으로 헤아린다는 생각을 가지면 이야기의 전달력이 크게 달라진다.

/

상대방의
뇌 속에 집어넣는
전달법

상대방의 머릿속을
정리해주는 표현

앞에서 이야기했듯이 상대방의 감정이나 이해력, 몸 상태에 따라 정보나 메시지가 의도하는 대로 정확하게 전달되지 않을 수도 있다. 그처럼 뭔가를 전달한다는 것은 불안정한 커뮤니케이션이다. 상대방이 당신의 이야기나 글에 감명을 받아서 확실히 기억해줄지 아닐지는 안타깝지만 전적으로 상대방의 상태나 능력에 달려 있다. 그렇다고 해서 아무런 노력도 하지 않으면 최소한으로도 전달할 수 없게 된다. 상대방의 컨디션을 '이야기를 들어줄 수 있는 상태'로 만들 방법은 없을까?

텔레비전 방송의 세계에는 그 방법이 존재한다.

법칙 05

단계별로 정리해서 제시한다

간단히 말하면 사전에 정보를 '정리된 상태'로 만들어서 상대 방의 머릿속에 집어넣어 주는 것이다. 예를 들어 낮 시간대의 정보 프로그램에서 '달걀을 맛있게 삶는 방법'을 소개한다고 하 자. 그럴 때 텔레비전 방송에서는 단순히 순서대로 방법을 설 명하지 않는다. 각 단계의 앞머리에 같은 배경화면과 배경음악 을 넣어서 각각의 제목을 단 '표제 컷' 영상을 먼저 내보낸다.

달걀을 맛있게 삶는 방법 ① 삶는 시간을 철저히 지킨다
달걀을 맛있게 삶는 방법 ② 삶은 직후의 온도를 철저히 관리한다

그런 다음 각 단계마다 상세한 설명을 집어넣는 것이다. 이 어서 '방법 ③', '방법 ④'도 같은 방식으로 정리해서 설명한다. 이렇게 하면 시청자는 '달걀을 맛있게 삶는 비결은 4가지구나' 라고 인식하면서 끝까지 집중해서 보게 된다.

무작정 공정을 나열하는 것이 아니라 포인트별로 나눠서 전

달함으로써 상대방이 '이야기를 들어줄 수 있는 상태'로 만들어 주는 것이다.

그렇다면 표제 컷을 사용했을 경우와 사용하지 않았을 경우의 차이를 비교해보자. 당신은 신상품인 사이클론 청소기를 가전제품 바이어에게 소개하는 영업 담당자라고 하자.

먼저 표제 컷을 사용하지 않을 경우에는 다음과 같이 설명하게 마련이다.

> "이 혁신적인 사이클론식 청소기는 흡인력을 전혀 떨어뜨리지 않으면서 사이클론식 특유의 소음을 40퍼센트나 감소시킨 제품입니다. 게다가 빨아들인 쓰레기를 버리는 시간도 현재 특허 출원 중인 고유의 구조를 통해 절반으로 단축했지요. 재질도 개선해서 중량을 기존 제품의 약 절반으로 줄인 덕분에 사용하기 편리한 청소기로 새롭게 탄생했답니다."

무슨 말을 하고 싶은지는 알겠지만, 과연 상담 후에 바이어가 신상품의 특징을 제대로 기억할까? 아마도 기억하지 못할 것이다.

단계별로 정리한 경우 어떤 식으로 설명하는지 알아보자.

"오늘은 혁신적인 사이클론식 청소기를 소개해드리려고 합니다. 이 제품에는 기존의 제품에 없었던 매력이 3가지나 있습니다!

매력 1. 소음 40퍼센트 감소
흡인력은 전혀 떨어뜨리지 않으면서 사이클론식 특유의 소음을 무려 40퍼센트나 억제하는 데 성공했습니다!

매력 2. 빨아들인 쓰레기 처리도 간단
현재 특허 출원 중인 고유의 구조를 통해 빨아들인 쓰레기를 버리는 데 걸리는 시간을 절반으로 단축했습니다!

매력 3. 경이로울 정도의 가벼움
재질을 개선함으로써 중량을 기존 제품의 약 절반으로 줄이는 데 성공했습니다!

이 3가지 매력을 통해 더욱 사용하기 편리한 청소기로 새롭게 탄생했답니다!"

사용한 단어는 거의 같지만 일목요연하게 정리해서 제시하면 훨씬 이해하기 쉽고 설득력이 높아진다. 다시 한 번 말하지만 정보를 전달할 때의 포인트는 사전에 '정리된 상태'로 만들어서 상대방의 머릿속에 집어넣어 주는 것이다. 물론 이해력과 정보 처리 능력이 뛰어난 사람은 사실만을 건조하게 나열하더라도 머릿속에서 무의적으로 정리해 정보를 축적한다. 그러나 이것은 상당히 머리를 써야 하는 작업이다.

다른 사람의 이야기를 듣다 피곤함을 느꼈던 경험은 누구에게나 있을 것이다. 그 이유는 상대가 말하는 정보를 스스로 정리해야 했기 때문이다. 피곤함을 느낄 정도라면 기억에 남을리 없다. 그러므로 설명하는 사람이 정보를 정리된 상태로 전달해줘야 한다.

이것은 전달법의 철칙인 '상대가 머리를 쓰지 않게 한다'로 직결되는 합리적인 기법이기도 하다.

이러한 전달의 법칙은 일상에서 이야기를 나눌 때는 물론 직장에서 보고, 연락, 상담을 할 때나 글을 쓸 때 등 모든 상황에 적용할 수 있다. 항상 '이 이야기는 몇 단계로 나눠서 정리할수 있을까?'를 생각하는 습관을 들이자. 이 간단한 방법이 전하고자 하는 메시지를 상대방의 머리에 각인시키는 데 큰 역할을하며, 그 결과 커뮤니케이션에서 유리한 고지를 점할 수 있다.

단, 단계 수가 너무 많은 것은 좋지 않다. 최대 5개 정도로 정리하자.

상대가 얻을
이점을 공략하라

상대에게 무엇인가를 열심히 설명했는데 잘 이해되지 않는다는 말을 들었던 경험은 없는가? 아니, 그렇게 지적이라도 해주면 차라리 다행이다. 개중에는 전혀 이해하지 못했으면서 아무 말도 없이 이해한 것처럼 행동하는 바람에 안심했다가 나중에 낭패를 보는 경우도 있다.

이런 일이 일어나는 이유는 이야기의 요점이 제대로 전해지지 않았기 때문이다. 이야기가 지나치게 단조로운 나머지 어디가 중요한 포인트인지 상대가 알아채지 못한 것이다.

이번에는 이런 문제를 피하기 위한 법칙을 소개하겠다.

설명에 제목을 붙여라

텔레비전 방송은 '주제'와 '관점'이라는 2가지 요소로 구성되어 있다. 정보 프로그램을 담당했을 때 VCR 연출에 관해 많은 것을 가르쳐준 선배가 내가 만든 방송은 '주제'와 '관점'이 모호하다고 거듭 지적한 적이 있다. 방송을 만들 때 그만큼 중요한 요소인 것이다.

먼저 '주제'에 관해 알아보자.

'주제'란 무슨 이야기를 할 것인가, 즉 화제의 커다란 틀을 의미한다. 예를 들어 정보 프로그램에서 '봄맞이 특집'으로 최신 가전제품을 소개한다고 하자. 이때 '주제'는 다음과 같다.

> **봄맞이 최신 가전제품을 소개한다.**

이것이 없으면 시청자는 방송을 볼 이유를 찾지 못한다. 이야기조차 들어주지 않는 것이다. 또한 이것만 있어서는 정보가 이해하기 쉽게 전달되지 않는다. 그저 제품을 소개하는 '정보의 나열'에 그칠 뿐이다. 그래서 텔레비전 방송을 제작할 때는 보기 편하면서 정보를 알기 쉽게 전달하고자 '관점'을 집어넣는다.

그러면 앞의 '주제(봄맞이 최신 가전제품을 소개한다)'에 '관점'을 부여해보자.

> 봄맞이 최신 가전제품을 소개한다.
> 가전제품에 관해 잘 아는 연예인이 추천하는 제품을
> 편리성 기준으로 순위를 매겨 보여준다.

'주제' 아래의 설명 부분이 '관점'이다. 이러한 설명도 방송에서 흔히 볼 수 있다. 가전제품에 관해 잘 아는 연예인의 관점에서 사용하기 편리한 제품을 소개하는 구성으로 방송을 만듦으로써 프로그램이 어떤 식으로 전개될지 이해하기 훨씬 쉽고 정보에 부가가치가 생겨서 시청자에게 방송을 보고자 하는 동기부여를 준다. 요컨대 '관점'이란 이야기의 요점을 쉽게 '보여주는 방식'이다.

이것은 비단 텔레비전에만 해당하는 이야기가 아니다. 정보에 '주제'와 '관점'이 없으면 핵심이 무엇인지 파악하기 어려울 뿐 아니라 이야기를 듣고 싶은 생각조차 들지 않는다. 거꾸로 말하면 사소한 잡담이든, 기획이든, 설명이든, 프레젠테이션이든 구성에 '주제'와 '관점'을 추가하는 순간 이해하기가 쉬워진다.

그렇다면 일상에서 이야기를 나눌 때는 '주제'와 '관점'을 어떻게 집어넣어야 할까? 신상품인 '고기능성 헤어드라이어'의 특징을 프레젠테이션하는 상황을 예로 들어보자. 이 경우의 '주제'는 다음과 같다.

> 고기능성 헤어드라이어의 편리함과 성능을 소개한다.

여기까지는 간단하다. 다만 그다음을 전혀 생각하지 않으면 시종일관 담담하게 상품의 특징만 나열하게 된다. 그런 이야기는 아무런 재미가 없으므로 듣고 싶어 하지 않는다. 이 '주제'에 '관점'을 부여해보자. 당신이라면 어떤 '관점'을 부여하겠는가? 다음과 같은 '관점'을 넣어보자.

> 이 상품을 처음 사용해본 젊은 여성 회사원 A씨!
> 사용 첫날 A씨가 느낀 감동을 생생하게 소개합니다!

○○ 헤어드라이어를 처음 사용한
A씨의 충격과 감동의 하루, 완전 밀착 카메라!

7:00
샤워를 끝내고 나와서 머리를 말린다

[특징 1]
강력하면서도 조용!

와~ 소리가
전혀 안 나네!
신기해!

8:00
출근길 지하철에서 정면 앞에 앉아 있는 여성의 머리카락을 본다

[특징 2]
나노 기술
머리카락 한 가닥 한 가닥의
큐티클을 보호한다

앞사람하고
비교해보니 오늘
내 머리카락의
윤기가 완전히
다르네!

9:00
출근해서 아침 회의가 끝난 후 동료에게 말을 건다

[특징 3]
보습을 유지하면서 말린다
볼륨감이 크게 상승

오늘 내 머리,
촉촉하고
풍성해 보이지
않아?

'관점'을 추가한 사례

이 헤어드라이어의 핵심 고객층인 30대 여성에게 깊은 인상

을 주는 기능과 효과로 범위를 압축해서 상품의 특징을 소개하

는 내용이다. 그런 다음 "○○ 헤어드라이어를 처음 사용한 A씨의 충격과 감동의 하루, 완전 밀착 카메라!"라는 제목을 붙이고 그림과 같이 시각적으로 보여줌으로써 알기 쉽게 구성한다.

A씨는 가공의 인물이지만 '타깃으로 설정한 사용자가 이 헤어드라이어를 사용하면 어떻게 될까?'라는 '관점'을 집어넣고 '감동과 감정'을 말로 표현하기만 해도 '포인트'가 쉽게 전달된다. 상품의 매력을 입체적으로 알릴 수 있을 뿐만 아니라 설명에 역동성이 더해지기 때문에 이야기를 듣거나 자료를 읽는 상대도 지루함을 느끼지 않는다. 또한 그저 상품 설명을 반복하기보다는 '이 상품을 사용한 여성들이 어떤 점에 만족을 느끼는가?' '고객은 이 상품에서 어떤 인상을 받는가?' '이렇게 하면 소비자들 사이에서 화제가 된다!'라는 이미지를 쉽게 그릴 수 있다.

이처럼 '관점'을 부여할 때의 포인트는 상대가 구체적인 장면을 스스로 생각하는 것이 아니라 이쪽에서 제시하는 것이다. 상대를 설득하거나, 상품을 팔거나, 자신을 채용하도록 만들고 싶다면 효과나 효능을 상대가 '머리를 쓰지 않고도' 상상할 수 있도록 전달해야 한다.

'이 선택을 하면 나한테는 이런 이익이 있구나!'

  사람은 자신에게 돌아오는 이익을 떠올릴 수 있을 때 비로소 결단을 내린다. 그리고 이익이 커 보일수록 기분이 고양되어 즉각적으로 결단을 내린다. '구체적인 장면을 떠올리게 하는' 것만이 '관점'을 부여하는 방법은 아니지만, 쉽고 빠르게 효과를 낼 수 있는 기법이다. 설명이 필요한 상황에서 강력한 무기가 되어줄 것이다.

'베스트 OO위'의
효과

앞에서 소개한 '주제'와 '관점'은 일상의 여러 가지 상황에서 활용할 수 있다. 우리 주위에는 '주제'만 정해져 있을 뿐 '관점' 은 부여되지 않은 사항이 많다. 가령 일주일에 한 번 상사에게 제출하는 주간 보고서에는 그 주에 방문한 거래처 이름이나 성 사시킨 계약 건수 등이 적혀 있을 것이다. 이것은 '이번 주에 있었던 일을 서면으로 보고한다'는 '주제'만 정해진 상태다. 그 러나 이런 식의 보고서는 너무 지루해서 작성하는 사람이나 보 고를 받는 사람 모두 읽고 싶은 마음이 들지 않는다.

'주제'만 정해져 있고 '관점'이 부여되어 있지 않은 또 다른 대 표적인 사례는 '사원 여행'이나 '송년회' 등의 행사다. 특히 사원 여행처럼 사람들이 가고 싶어 하지 않는 행사를 진행해야 하는 사람은 고역이 아닐 수 없다.

하지만 이때 '관점'을 부여하면 인상이 180도 달라진다. '관점'을 부여하는 데 편리한 방법을 알아보자.

랭킹 순위를 매기면 재미가 배가된다

순위 형식으로 만들면 단조로운 나열에 불과한 정보를 흥미롭게 표현할 수 있다. 예를 들어 주간 보고서에 다음과 같이 '관점'을 부여해보면 어떨까?

"
이번 주에 고객에게 들었던 말 BEST 3

순위 형식으로 만들면 단조로웠던 보고서에 입체감을 줄 수 있을 뿐만 아니라, 가장 하고 싶은 말을 1위에 올려놓으면 전달하고 싶은 것을 강조할 수 있다.

예를 들어 사원 여행의 경우 다음과 같이 표현한다.

> **❝**
>
> ### 맛집 랭킹 1위부터 5위까지
> ### 전부 순례하는 이즈의 맛집 탐방 여행!

이렇게 하면 '사원 여행'에서 느끼기 쉬운 '가기 싫은데 억지로 가야 한다는 거부감'을 많이 줄일 뿐 아니라 심지어 가고 싶은 생각마저 든다. 게다가 찾아갈 맛집을 도착하기 전까지 공개하지 않고 비밀로 하면 기대감을 더욱 높일 수 있다.

송년회도 '송년회'라는 명칭을 사용하지 않고 조금 다르게 표현해본다.

> **❝**
>
> ### 올 한 해를 되돌아본다!
> ### '부장님에게 들었던 꾸중' BEST 10 발표회

부장에게 들었던 꾸중을 모아서 순위를 매기면 송년회를 마지막까지 재미있게 즐길 수 있다.

나도 이 전달의 법칙 덕을 본 적이 있다. 아이가 다니는 학교의 학부모회 임원을 맡은 적이 있는데, 학부모회가 발행하는

홍보지를 만들게 되었다. 홍보지에 실을 화젯거리나 요소는 어느 정도 정해져 있었지만, 기획부터 취재, 기사 작성까지 전부 내가 해야 했기 때문에 작업이 그리 쉽지 않았다.

홍보지를 만들기 위해 예전 홍보지의 기사들을 살펴봤는데, 하품이 나올 만큼 따분했다. 사진 한두 장과 함께 두서없는 이야기를 적어놓고 그것을 기사라고 실었던 것이다. 그중에서도 교장 선생님의 이야기를 소개하는 코너는 따분함의 극치였지만, 그렇다고 뺄 수도 없었다. 이 문제를 어떻게 해결해야 할까 고민한 끝에 이런 식으로 '관점'을 부여해봤다.

— "

돌격, 교장실!
교장 선생님에게 던진 10가지 질문

낮에 시간 여유가 있는 학부모 임원에게 취재를 부탁한 다음 그 임원이 교장 선생님에게 들은 이야기를 요약해서 10개 항목으로 나누고 각 항목에 대응하는 질문을 순위 형식으로 만들었다. 당시 다른 학교에서도 화제가 될 만큼 반응이 뜨거웠다.

이처럼 순위를 매기는 것에는 사람의 흥미를 자극하는 강한 힘이 있다. 사원 여행 같은 행사든 보고서나 기사 같은 글이든 마찬가지다. '1위가 뭔지 알고 싶다'는 본능이 발동하기 때문에 마지막까지 흥미를 잃지 않고 이야기를 들을 수 있다.

순위 형식으로 소개하는 기법은 텔레비전 방송에서도 자주 사용된다. 간토 지방에서만 방송되는 〈출몰! 애드매틱 천국〉(TV 도쿄)이라는 장수 프로그램이 있다. 주로 도쿄도나 근교의 '거리' 한 곳에 초점을 맞춰서 그 거리의 매력을 순위 형식으로 소개하는 내용이다. 점점 높은 순위를 소개할수록 시청자는 '다음에는 어디가 나올까?'라는 흥미를 가지기 때문에 채널을 돌리지 않고 끝까지 본다. 이 방송이 순위 형식을 채용하지 않았다면 그저 단조롭게 정보를 전달하는 것에 불과하므로 도중에 시청 의욕이 떨어져 채널을 돌리고 말았을 것이다.

한마디 덧붙이자면, 순위는 당신이 주관적으로 선정해도 전혀 문제없다. 수치를 근거로 순위를 매긴다면 객관적인 정보가 필요하지만 측정 가능한 지표가 없다면 당신이 느끼기에 재미있었다든가 인상적이었던 순서대로 순위를 매겨도 무방하다.

상대의 머릿속에 때려 박는
반복의 힘

"그거 지난번에도 했던 말이잖아."

"이전에 말씀해주셔서 알고 있습니다."

이런 말을 들어본 경험이 있을 것이다. 기본적으로 사람은 타인의 이야기를 주의 깊게 듣지 않는다. 그러므로 상대에게 부탁하고 싶은 것, 해주기를 바라는 것이 있다면 반복해서 전할 필요가 있다.

수없이 옻칠을 해서 광택을 내는 칠기처럼 같은 정보를 반복해서 전하면 상대방의 뇌에 그 정보를 각인시킬 수 있다. 그러나 같은 정보를 계속 똑같이 전하면 상대는 "거참, 집요하네!"라며 스트레스를 받을 것이다.

그러면 감정의 셔터를 내려서 당신의 이야기에 더 이상 귀를 기울이지 않는다. 이런 최악의 사태를 피하면서 정보에 '옻칠'을 하는 방법을 소개하겠다.

다양한 관점에서 접근한다

〈캄브리아 궁전〉이나 〈가이아의 여명〉(TV도쿄) 등 기업이나 기업인을 소개하는 비즈니스 정보 프로그램을 보면 사무실이나 공장, 점포 등을 찾아가 그 회사의 특징이나 일하는 방식, 상품, 서비스를 소개하는 영상과 사장 또는 사원의 인터뷰 영상 등으로 구성된다.

그리고 또 다른 중요한 요소가 하나 있는데, 그것은 바로 '고객의 목소리'나 '거래처의 목소리'를 전하는 인터뷰다.

"이럴 때 정말 큰 도움이 되었다", "이 서비스는 나의 생활에 없어서는 안 되는 존재다", "이 회사의 사원은 고객뿐만 아니라 거래처도 중요하게 생각한다" 등 다양한 상황에 놓여 있는 사람들의 목소리를 방송 곳곳에서 소개하는 것이다.

인터뷰마다 여러 가지 의견이 나오지만 각각의 인터뷰를 해석해보면 결론은 전부 '이 회사는 정말 대단하다'는 것이다. 거래처, 고객, 사원, 사장, 모두 각기 다른 처지에서 똑같은 말을 하는 것이다.

그러나 상황과 관점이 저마다 다르기 때문에 '아까 들었던 이야기잖아'와 같이 지겹다는 생각은 전혀 들지 않는다. 시청자들은 오히려 '그렇구나. 이 회사에는 그런 모습도 있었어!'라며 계속해서 새로운 정보로 받아들인다. 이러한 연출을 통해 시청자가 눈치채지 못하게 정보를 옻칠하는 것이다. 이것이 각기 다른 관점에서 같은 정보를 반복적으로 전하는 기법이다.

이러한 기법은 비단 방송뿐만 아니라 일상생활에서도 활용할 수 있다. 예를 들어 지인이 운영하는 불고깃집을 자신의 블로그나 SNS 혹은 친구에게 추천한다고 하자. 계속 같은 관점에서 소개하기보다 다음과 같이 관점을 바꿔 다양한 각도에서 소개해보자.

1. 점주의 매력이나 철학의 관점에서 접근
"이곳의 점주는 고급 불고깃집에서 10년 이상 경력을 쌓은 불고기 전문가입니다. 좋은 고기를 부담 없는 가격에 제공하고 싶다는 마음에서 독립을 결심했습니다." 점주의 철학을 소개한다.

2. 입소문이나 블로그 평가의 관점에서 접근
"고기가 입안에서 살살 녹는다.""고객 서비스가 매우 만족스러웠다." 인터넷에 올라온 좋은 평가를 모아서 소개한다.

3. 미식 관련 잡지나 인터넷 기사의 관점에서 접근
"이 가게는 아카사카의 유명 불고깃집 ○○과 같은 목장에서 고기를 매입한다.""고기를 써는 방식에 대한 확고한 철학을 가지고 있다." 전문가의 객관적 관점도 소개한다.

이렇게 각기 다른 관점에서 가게의 좋은 점을 홍보해본다. 다양한 등산로를 통해 같은 정상(목적)에 오르는 느낌이라고나 할까? 세 갈래의 등산로를 사용해 '이 가게는 찾아가 볼 가치가 있는 곳이다'라는 정보를 반복적으로 옻칠한다. 모두 각기 다른 관점에서 바라본 의견이므로 상대는 반복된다거나 지루함을 느끼지 않고 오히려 다각적인 의견으로 받아들이고 수긍하게 된다.

이처럼 어떤 한 가지를 다양한 관점에서 바라보고 칭찬하면 객관성이 만들어진다. 사람은 무엇인가를 판단할 때 '객관적인 견해'를 원한다. 면접에서 자신을 홍보하고 싶다면 학원 강사나 친구, 아르바이트로 일한 가게의 점장 등 타인의 평가도 덧붙인다. 영업 담당자라면 자신의 생각뿐만 아니라 사용자의 목소리도 전한다. 카메라나 자동차를 사기 위해 아내를 설득해야 한다면 해당 제품을 사서 크게 만족했다는 친구나 동료의 의견을 이야기한다. 이렇게 하면 불쾌감을 주지 않으면서 전하고자 하는 핵심을 상대의 뇌에 자연스럽게 각인시킬 수 있다.

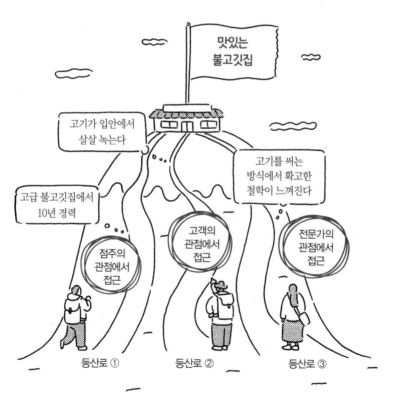

띄어쓰기 하나로
전달력이 올라간다

기후현가카미가하라시

기후 가카미가하라시

2가지 중 어느 쪽이 더 읽기 편한가? 띄어쓰기를 한 '기후 가카미가하라시'가 훨씬 읽기 편할 것이다. 텔레비전 방송 자막은 대부분 3초 정도만 비출 뿐이다. 게다가 다른 자막이나 내레이션, 논평 등의 음성까지 정보량이 많기 때문에 시청자들이 곧바로 인식할 수 있어야 한다. 머릿속에서 '무슨 말이지?'라는 의문이 솟아난 순간 시청자는 그것이 신경 쓰여서 다른 정보가 머릿속에 들어오지 않는다. 방송의 자막은 여기까지 계산하면서 넣는 것이다.

유튜브의 동영상을 오래 보면 피곤한 이유 중 하나가 출연자의 발언이 전부 자막으로 나오기 때문이다. 지하철 등에서 소리를 죽이고 시청하는 사람을 위한 배려이겠지만, 보는 사람들이 문자를 읽는 속도나 심리를 무시한 자막은 피로감을 불러일으킨다.

커뮤니케이션의 수단으로 목소리를 통한 대화만 있는 것이 아니다. 특히 SNS나 카카오톡, 라인 등의 메신저 서비스가 일상 커뮤니케이션의 중심이 된 지금은 글을 쓸 때 조금만 궁리해도 커다란 차이를 만들어낼 수 있다. 상대가 글을 읽지 않고 넘기는 일이 극적으로 줄어드는 것이다.

회사에서 프레젠테이션 자료를 작성할 때나 보고서를 쓸 때도 마찬가지다. 텍스트로 정보를 전할 때 가장 중요한 것은 무조건 '읽기 쉬워야 한다'는 것이다. 특히 신경을 써야 할 부분은 길게 나열하는 경우이다. 텔레비전 방송 프로그램에서는 다음과 같은 방법을 사용한다.

시각적으로 구분한다

시각적구분을 짓는다

시각적 '구분'을 짓는다

올바르게 띄어쓰기를 하고 강조하는 단어에 따옴표까지 붙이면 읽기가 훨씬 편하다. 우리는 텍스트를 읽을 때 한 글자씩 받아들이지 않는다. '대통령'이나 '긴장감' 등 하나의 단어로 읽는다. 익숙한 단어일 경우에는 길게 나열되어도 문제가 없지만 낯선 문자가 길게 나열되면 순간적으로 혼란에 빠진다.

특히 SNS처럼 스크롤을 내리면서 읽는 경우 이해되지 않는 문장은 그냥 넘어간다. 시각적 '구분'은 그런 사태를 방지하기 위한 기법인 것이다. 이것은 텔레비전뿐만 아니라 글자 수에 제약이 있는 인터넷 뉴스의 제목에도 사용된다.

도쿄증권거래소1일900엔이상하락

도쿄증권거래소, 1일 900엔 이상 하락

어떤 제목이 더 읽기 쉬운지는 굳이 물어볼 필요도 없을 것이다. 따옴표뿐만 아니라 쉼표도 시각적으로 '구분'을 하는 역할을 한다.

텔레비전 방송에서는 자막의 색이나 글꼴, 크기를 다르게 해서 시각적으로 '구분'하기도 하지만 SNS나 이메일에서는 사용할 수 없다. 그 밖에도 다음과 같은 방법으로 읽기 쉽게 만들 수 있다.

의식적으로 느낌표를 붙인다

인기 아이돌 포복절도 무대 개막

인기 아이돌! 포복절도 무대 개막

밑줄을 긋는다

시각적 구분을 당신의 것으로

시각적 구분을 당신의 것으로

띄어쓰기를 하거나 가운뎃점을 넣는다

기후현가카미가하라시 / 주니치감독개막전투수지명을'봉인'

기후 · 가카미가하라시 / 주니치 감독 개막전 투수지명을 '봉인'

텔레비전뿐만 아니라 각 미디어는 자신들이 발신한 정보를 독자들이 건너뛰지 않도록 온갖 기법을 동원한다. 비록 사소해 보일지라도 이러한 장치를 활용하면 전달력이 훨씬 높아진다.

/

별것 아닌 것을
가장 좋게 만드는
마법의 단어

단 하나의 장점을
극대화하는 법

채용박람회에서 다른 학생들의 출신 학교나 생각이 깊어 보이는 발언들을 들어보면 '과연 내가 저런 애들을 제치고 채용될 수 있을까? 쉽지 않을 거야'라는 좌절감이 든다.

자사의 신상품을 팔아야 하는데 그 상품에 대해 깊이 알면 알수록 경쟁사의 제품이 더 매력적으로 보여서 '우리 상품은 경쟁사보다 나은 점이 하나도 없는데, 대체 이걸 어떻게 팔아야 하지?'라는 고민에 빠진다.

돈도 더 잘 벌 뿐만 아니라 항상 집에 일찍 들어오고 휴일에는 아이들과 잘 놀아주기까지 하는 옆집 남편과 자신의 남편이 자꾸 비교되어서 우울하다.

"남의 떡이 더 커 보인다"는 속담이 있다. 단지 '커 보이는' 것이 아니라 실제로 남의 떡이 더 큰 경우도 많을 것이다. 이것은 당연한 일이다. 자신이 가진 것이 항상 남들보다 '좋은 것'일 수는 없으며, 지니고 있는 능력 또한 대부분 '대동소이'할 것이다.

물론 세상에는 운이 좋은 사람도 있다. '최고'라고 부를 만한 것이나 능력을 소유한 사람들 말이다. 가령 업계 1위 제품을 영업하는 사람은 "저희 회사의 제품은 일본에서 가장 잘 팔립니다!"라고 말하기만 해도 날개 돋친 듯이 팔려나갈 테니 얼마나 좋을까? 그 밖에도 "성적이 전교 1등이었습니다"라든가, "학창 시절에 서클 활동에서 전국 1위를 차지했습니다", "저희 가게의 파티시에는 세계 대회에서 1위를 했습니다" 같은 홍보를 할 수 있다면 정말 편할 것이다.

그러나 이렇게 운이 좋은 경우는 극히 드물다. 그런 축복받은 사람은 어쩌다 한 명에 불과하다. 내가 오랫동안 몸담은 방송 제작 현장도 마찬가지다. 나는 30세였을 때 매주 수많은 신상품과 주목받는 서비스, 나들이하기 좋은 곳을 소개하는 〈임금님의 브런치〉(TBS)라는 정보 프로그램의 연출가를 맡았다. 당시 신출내기 연출가였던 나는 이 방송을 통해 다양한 연출노하우를 공부했다. 그리고 경험을 쌓음에 따라 곤란에 빠졌을 때의 대처법도 조금씩 익혀나갔다.

텔레비전 방송은 '좋은 것', '화제를 모으고 있는 것'을 취재해 매력적으로 소개한다. 하지만 생각해보라. 최근 20년 사이에 나는 정보 방송뿐만 아니라 버라이어티 프로그램에서도 수많은 가게를 취재했는데, 그 모두가 '업계 최고'이며 '흠잡을 데 없는' 가게 또는 상품이었을까? 책의 앞머리에서도 이야기했듯이 그 대답은 분명하다.

'절대 그럴 수가 없다.'

물론 그런 가게가 전혀 없었던 것은 아니지만 극히 적었다. 그러나 다시 한 번 생각해보라. 그렇다고 해서 방송 중에 "이 가게는 그저 그렇습니다"라든가 "이 상품은 별 특별한 것이 없습니다"라고 말할 수 있겠는가? 그럴 수는 없는 노릇이다.

방송 프로그램에서 소개되는 가게를 보면 "최고의 가게입니다"라고 직접적으로 말하지는 않아도 '최고의 가게'처럼 보이지 않는가? 게다가 거짓말은 절대 하지 않는다. 정보 방송이나 버라이어티 프로그램 등 장르를 불문하고 텔레비전에 소개된 상품이나 서비스는 날개 돋친 듯이 팔리며, 소개된 가게는 손님들이 줄을 선다. 딱히 맛있지도 않은 채소가 '다이어트에 좋은 식품'으로 소개된 다음 날 전국적으로 품절 사태를 빚는다. 어제까지 '평범한 가게'였던 중국집이 '끝내주는 ○○볶음밥을 먹을 수 있는 가게'로 소개되자 다음 날 대기 손님들이 100미터 가까이 줄지어 있다.

사실 텔레비전 취재를 계기로 부자가 된 경영자도 꽤 많다. 그리고 그 이면에는 역시 '전달의 법칙'이 존재한다. 그것은 바로 다음과 같다.

'변환하기'와 '반전'을 구사한다.

'세상 모든 것은 표현하기 나름'이라는 말이 있다. 같은 정보를 상대에게 전하더라도 어떻게 표현하느냐에 따라 좋은 인상을 줄 수도 있고 나쁜 인상을 줄 수도 있다. 표현 방법에 따라서 상대의 인상을 '좋은 방향'으로 조작할 수 있다는 말이다.

'이미지 조작'이라고 하면 부정적으로 들릴지도 모르지만, 성공하는 전달법을 알고 싶어서 이 책을 읽고 있는 당신이라면 '효과적인 기법'이라고 생각할 것이다. 바로 이것이 '표현법'이다.

이 장에서는 '변환하기'와 '반전'을 통해 이미지를 극적으로 바꾸는 기술에 관해 소개하겠다.

평범한 방법을
비법으로 바꾸는 마력

'변환하기'는 무엇인가를 표현하는 각도와 시점을 바꿔서 상
대에게 더욱 강하게 전달하는 것이다. 그 성패는 전달하는 쪽
이 변환하는 기법을 얼마나 많이 알고 있느냐에 달려 있다. 여
기에서는 누구나 쉽게 사용할 수 있는 비법을 전수하겠다.

'비법'이라는 말을 활용한다

텔레비전 프로그램에는 '비법'이라는 말이 자주 등장한다.

텔레비전에서 자주 볼 수 있는 '비법'의 사용 예
■ 삶은 달걀 껍데기를 깨끗이 벗기는 '비법'
■ 아름다운 피부를 유지하는 '비법'

지금까지 텔레비전에서 수없이 봐온 익숙한 표현일 것이다. 그러나 '흔해빠진 진부한 표현'이라고 무시해서는 안 된다. 당신은 깨닫지 못하고 있을지도 모르지만, 이런 식으로 자신만만하게 '비법'이라고 하면 '뭔가 굉장한 건가 보다'라는 기대감이 생겨나 자기도 모르게 집중해서 방송을 보게 된다. '비법=대부분이 모르는 굉장한 방법'이라는 인식이 우리의 머릿속에 각인되어 뇌가 저절로 '이건 볼 가치가 있어'라고 판단하는 것이다.

그러나 사실 내용은 단순히 널리 알려지지 않은 '삶은 달걀 껍데기를 깨끗이 벗기는 방법', '아름다운 피부를 유지하는 미용법'일 뿐이다. 요컨대 대중적이지 않은 방법, 그 이상도 그 이하도 아니다.

이른바 정공법이 아닌 방법을 '비법'이라고 표현한다. 평범하게 소개할 경우 딱히 관심을 끌기 힘든 정보를 '비법'이라는 말로 잘 포장함으로써 방송에서 소개할 만한 것으로 만든다.

텔레비전 방송에서 소개하는 정보는 소개할 가치가 있어야 한다. 가치가 없는 정보를 그냥 소개할 수는 없다. 무엇을 소개하든 '이유'가 필요한데, "비법입니다"라고 소개함으로써 '그저 정보를 늘어놓는' 것이 아니라 '가치 있는 정보를 전달한다'는 모양새를 갖추는 것이다.

일상의 커뮤니케이션에서도 상대는 '이 사람의 이야기는 들을 가치가 없어'라고 생각한 순간 당신의 이야기를 귀담아듣지 않는다. 최근에는 온라인 회의나 미팅도 늘어나고 있다. 특히 많은 인원이 참가할 경우나 화면이 꺼져 있는 경우에는 참가자들이 이쪽의 이야기를 제대로 듣고 있다는 보장이 없다. 이 이야기를 듣는 당신도 조금은 가슴이 뜨끔했을 것이다.

그럴 때 '비법'이라는 말을 사용하면 상대는 이야기에 몰입하게 된다. 예를 들어 화상회의에서 자신의 성과를 어필하고 싶을 경우, "이번 주에 계약을 두 건 성사했습니다"라고 말하면 사람들은 별다른 관심을 보이지 않는다. 하지만 이렇게 말해보라.

"이번 주에 간단한 비법을 사용해 계약을 두 건 성사했습니다."

이렇게 말하면 다른 참가자들의 이목을 끌 수 있다.

물론 계약을 두 건 성사했다는 사실을 보고하는 것 자체가 중요하므로 '비법'의 내용은 딱히 대단한 것이 아니어도 상관없다. 이목만 끌 수 있으면 성공인 것이다.

그 밖에 자사의 제품을 판매하기 위해 프레젠테이션을 할 때 상대에게 강한 인상을 남기고 싶다면 자사 제품의 살짝 신기한 기능을 하나 준비해 "사실 이 제품에는 숨겨진 기능이 있습니다"라고 소개함으로써 경쟁 제품과의 차이점을 부각할 수 있다.

블로그나 SNS에 올릴 소재가 없다면 "컵라면을 10배는 맛있게 먹을 수 있는 비법!" 같은 제목을 달고 대중적이지 않은 조

금은 특이한 방법을 소개해보자. 반드시 획기적인 방법을 제안할 필요는 없다. 조금이라도 다른 점이 있다면 그것으로 충분하다. 대중적이지만 않으면 된다.

요점은 상대의 흥미를 끌 '거리'를 만들면 된다는 것이다. 정보를 '평범하지 않은 것'으로 연출할 수 있는 사람이 커뮤니케이션의 승자가 된다.

'그저 그런 것'을
'좋은 것'으로 바꾸기

취업 준비생들이 흔히 하는 고민거리는 '나를 어떻게 홍보해야 할지 모르겠다'는 것이다. 일단 서클 활동은 했지만 리더를 맡은 것도 아니고 딱히 대단한 실적을 남기지도 못했다. 성적도 어중간했고 솔직히 말하면 '전혀 눈에 띄지 않는 존재'였다. 그래도 내세울 거리를 억지로 찾아보자면 누구에게도 미움받지 않고 대부분의 사람들과 스스럼없이 대화를 나눴다는 것이다.

실제로 이런 사람이 상당히 많다. 그러나 이 사실을 그대로 자기소개서에 적어서는 경쟁자들과 차별화할 수 없다. 물론 그렇다고 허위 사실을 적는 것은 절대 금물이다.

이럴 때 필요한 것이 연출이다. 언뜻 단점처럼 보이는 요소도 관점을 바꾸면 거짓말을 하지 않고 '장점'으로 내세울 수 있다. 그 테크닉이 바로 이것이다.

'장단점 변환'의 법칙

말 그대로 단점을 장점으로 바꿔서 표현하는 것이다. 그렇다면 어떤 식으로 바꿔서 표현해야 단점을 장점으로 바꿀 수 있을까? 다음의 표현을 생각해보자.

'서클의 숨은 중재자.'

두드러지지 않으면서 미움받지 않는다는 것은 누구에게도 피해를 주지 않는 존재라고 할 수 있다. 서클을 운영하다 보면 의견 대립이나 인간관계 등 다양한 과제가 발생하는데, 어떤 문제나 갈등에 연루되지 않았다는 것은 서클을 원만하게 운영하는 데 협력했다고 생각할 수 있는 것이다.

"저의 강점은 어떤 사람과도 원만하게 지낼 수 있다는 것입니다. 저는 대학 시절에 테니스 서클에서 활동했는데, 딱히 리더는 아니었지만 멤버들과 친하게 지내면서 대화를 나누려고 노력했습니다. 서클 내부에서 의견 대립이 발생할 때도 있었지만, 제가 이야기를 들어줌으로써 분쟁을 미연에 방지한 적도 있습니다. 이른바 '숨은 중재자'의 역할을 충실히 했다고 자부합니다."

언뜻 단점처럼 보여지는 것도 관점을 바꾸면 '장점'으로 내세울 수 있다. 이것은 텔레비전 정보 프로그램에서도 자주 사용되는 기법이다. 가령 어떤 상점가의 '작은 음식점'을 소개한다고 하자. 그 가게를 선택한 이유는 취재를 갔지만 의외로 방송에 내보낼 만한 재미있는 가게를 찾지 못했기 때문이다. 솔직히 말하면 장점은 안 보이고 단점만 수두룩한 가게다. 그럴 때 이 상황을 어떻게 타개해야 할까? 몇 가지 예를 들어보자.

사례 1

그 음식점은 실내 공간이 매우 좁은데, 그 이유는 단순히 매출이 적어서 넓은 점포를 빌릴 수가 없기 때문이다.

이것을 방송에서는, "아담하고 가정적인 음식점이네요!"라고 소개한다.

사례 2

주방에서 일하는 사람은 나이 든 점주의 아내인데, 그 이유는 단순히 요리사를 고용할 여력이 없기 때문이다. 요컨대 '자금력이 달리는 소규모 음식점'이다.

이것을 방송에서는, "어머니의 손맛!"이라고 소개한다.

사례 3

광고는 꿈도 못 꾸고, 제대로 된 간판조차 만들 여력이 없다. 요컨대 '눈에 잘 띄지 않는 가게'다.

이것을 방송에서는, "마치 숨겨진 은신처 같네요!"라고 소개한다.

사례 4

손님이 없어서 썰렁한, 말하자면 '인기 없는 음식점'이다.

이것을 방송에서는, "차분한 분위기의 음식점이네요!"라고 소개한다.

모두 텔레비전 방송에서 들어본 적이 있는 표현일 것이다. 텔레비전 방송에서는 이런 정해진 표현(확립된 연출법)으로 거 짓말을 하지 않고도 정보를 긍정적으로 전달한다.

이런 표현을 들었을 때 불쾌하게 느껴지는가? 그렇지는 않을 것이다.

바로 이것이 핵심이다. 세상에는 함께 있으면 기분이 좋아지는 사람도 있고 왠지 불쾌함이 느껴지는 사람도 있는데, 그 판단 기준 중 하나는 '부정적인 말을 많이 하는 사람'이냐 '긍정적인 말을 많이 하는 사람'이냐 하는 것이다. 여기에서 말하는 '부정적', '긍정적'이란 타인이나 자신 혹은 무언가에 대해 나쁘게 말하느냐 좋게 말하느냐이다.

커뮤니케이션에는 상대방이 존재한다. 그리고 상대방에게는 당연히 감정이 있어서 일단 이야기를 듣고 불쾌함을 느끼면 감정의 셔터를 내리고 '재미없는 것', '들을 가치가 없는 것'으로 판단해버린다. 이렇게 되면 당신의 이야기는 상대방의 기억에 결코 남지 않는다.

상대를 불쾌하게 만들지 않는다는 것은
'나쁘게' 말하지 않는다는 것이다.

이것도 커뮤니케이션의 철칙이다. 상대를 불쾌하게 만드는 것은 의사소통에서 치명적이다. 악담을 하는 것은 당연히 금물이고, 겸손이 지나쳐서 "저 따위가……"라고 자신을 비하하는 말을 하는 것도 주의해야 한다.

비판이나 비평이 필요한 보도 방송은 다르지만 정보 방송이나 버라이어티 프로그램은 이 점을 매우 신경 쓴다. 가령 취재한 가게가 솔직히 말해 칭찬할 만한 점이 전혀 보이지 않더라도 어떻게든 좋은 점을 찾아낸다. 이런 사고를 바탕으로 행동하면 커뮤니케이션을 원활하게 진행할 수 있다.

이것은 전달의 법칙이라기보다 대인관계와 커뮤니케이션의 비결이라고 말하는 편이 더 적당할지도 모른다. 이 연출 기법을 활용해 주위에 긍정적인 분위기를 퍼뜨린다면 의사소통이 원활해질 뿐 아니라 인간관계를 맺는 데도 도움이 된다.

단 하나뿐인 장점을
최고의 장점으로 만들기

앞에서는 단점을 장점으로 바꿔서 표현하는 기법을 소개했
는데, 이번에는 그것을 더욱 매력적으로 표현하는 방법을 알아
보자.

'최고의 매력 포인트'라는 표현을 활용한다

'최고의 매력 포인트'라는 말도 텔레비전 방송에 자주 등장한
다. 신제품이나 가게, 놀이 시설 등을 소개할 때 단골로 나오는

말이다. 그런데 이 말에는 사실 무서운 진의와 상상할 수 없을 만큼 강력한 힘이 숨어 있다. 왜 무섭다고 하는지는 그 말을 언제 사용하는지를 보면 알 수 있다.

그 상품이나 가게에 '좋은 점이 하나밖에 없을 때' 사용한다.

이것이 진실이다. 물론 모든 연출가가 이런 의도로 이 말을 사용하는 것은 아니지만, 나는 이 방법으로 위기를 극복한 적이 여러 번 있었다. 방법은 전혀 어렵지 않다. 그저 관점을 바꾸기만 하면 된다.

'하나밖에 없는' 좋은 점을 '가장 좋은 점'으로 바꿔서 표현한다.

하나밖에 없는 좋은 점은 관점을 바꿔서 생각하면 '가장' 좋은 점이 된다. 마라톤 대회에 출장한 선수가 한 명뿐이라면 그 선수가 바로 우승자인 것이다.

여기에서 핵심은 '거짓말은 하지 않았다'는 것이다. 또한 '타인에게 상처를 주지 않는 표현'으로도 활용할 수 있다. 가령 여성 지인이 남자를 소개해달라고 부탁했다고 가정하자. 남성 지인 중에 여자 친구가 없는 사람은 딱 한 명뿐인데 솔직히 말하면 이성이 좋아할 만한 친구는 아니다. 얼굴도 평범하고 돈도

별로 없다. 잘 꾸미고 다니지도 않는다. 지금까지 여성과 사귄 경험이 딱 한 번밖에 없는 사내다. 이럴 때는 '지금까지 여성과 사귄 적이 딱 한 번밖에 없다'라는 단점에 초점을 맞추고 그것을 장점으로 바꿔보는 것이다.

"최고의 매력 포인트는 일편단심에 성실하다는 거야"라고 표현해본다. 이성에게 인기가 없어서 바람을 피울 리가 없으므로 '일편단심'이라는 것도 거짓말은 아니다. 그 지인을 매력적으로 표현할 뿐만 아니라 누구에게도 상처를 주지 않는다.

딱히 장점이 없는 것을 소개할 때는 단점을 장점으로 바꾼 다음 그것을 '최고의 매력 포인트'로 어필한다. 간단한 방법인 데다 가게의 상품 설명이나 프레젠테이션, 자기 홍보 등 폭넓은 상황에서 활용할 수 있다.

당연한 것이 최고가 되는
표현 기법

　지금까지 단점을 장점으로 변환하거나 최고의 매력 포인트를 끌어내는 기법을 알아보았다. 하지만 모든 상황에서 적용할 수 있는 것은 아니다. 이러한 기법으로 해결할 수 없는 상황도 많다.

　물론 그렇다고 해서 포기할 필요는 없다. 여기에서는 방송에서 연예인들이 요리를 소개할 때나 정보 프로그램의 내레이션을 쓸 때 위기를 극복하기 위해 사용하는 기법을 소개하겠다.

법칙 13

당연한 것을 강조하라

자랑할 거리나 내세울 만한 점이 도무지 없을 경우에는 당황하지 말고 '당연한 것'을 찾아서 그것을 칭찬하면 된다. 가령 맛집 소개 프로그램에서 나온 요리가 별다른 특징이 없다고 가정하자. 쇠고기 스튜 요리인데 비주얼도 그렇고 맛도 평범하기 짝이 없다. 그럴 때 거짓말을 하지 않으면서도 매력적으로 소개하려면 어떻게 해야 할까?

'당연한 것'에 주목한다.

쇠고기가 들어간 요리는 당연히 쇠고기 맛이 날 수밖에 없는데, 이것을 전면에 내세우면 되는 것이다. 예를 들어 다음과 같다.

쇠고기 본연의 맛을 제대로 즐길 수 있는 '일품 쇠고기 요리'

왠지 맛있는 요리처럼 느껴지지 않는가? 그러나 잘 생각해 보면 지극히 당연한 말이다. 쇠고기가 들어갔으니 쇠고기 맛이 나는 것이다. 콩이 원료인 콩고기를 먹었는데 쇠고기 본연의 맛이 났다면 그것은 굉장한 일이다. 그러나 재료가 쇠고기라면 쇠고기 본연의 맛이 나는 것은 당연하다. 슈퍼마켓에서 파는 특가 쇠고기라도 쇠고기 맛은 난다.

그런데 이 '당연함'이 의외로 유용하다. 이것은 광고나 잡지 기사에서도 자주 볼 수 있는 표현이다.

의도적으로 당연한 것에 주목해 자신 있게 내세운다.

그다음에는 당연한 것을 '최고의 매력 포인트'로 끌어올리면 된다. 이 기법을 사용하면 인스타그램에 사진을 올릴 때도 멋진 문장을 달 수 있다.

경쟁 제품보다 기능이 적은 가전제품을 프레젠테이션해야 할 때는 "'기본 성능'이라는 원점으로 돌아갔습니다"라고 표현한다. 디자인이 뛰어나지도 않고 넓이도 평범한 주택을 홍보할 때는 "'거주성'을 철저히 추구했습니다"라고 말하는 것이다.

곰곰이 생각해보면 가전제품이 기본 성능을 중시하는 것도,

주택 건설사가 거주성을 추구해 동선이나 방 구조 등을 신경 쓰는 것도 당연한 일이다. 경쟁사도 같은 노력을 하고 있을 것이다. 그러나 이런 식으로 '당연한 것'을 자신만만하게 강조하면 매력적으로 전달할 수 있다.

평범한 상품에
특별한 스토리를 입힌다

　장점이 없는 것을 타인에게 권해야 하는 상황에서는 어떻게 해야 할까? 솔직히 말해 이렇다 할 세일즈 포인트가 없는 상품을 팔아야 한다면 말이다.

　누구에게나 이런 경험이 있을 것이다. 악의는 없지만 팔아야 한다는 압박감에서 거짓말을 해야 한다면 당연히 뒷맛이 씁쓸할 수밖에 없다. 또한 많은 가게에서 취급하는 비슷한 상품을 가격 인하 없이 팔고 싶은 사람도 있을 것이다.

　전해야 하는 '무엇인가', 팔아야 하는 '무엇인가'가 그리 대단한 것이 아닐 경우, 혹은 어디에서나 파는 상품인 경우, 그 무엇인가 자체에 초점을 맞춰서는 절대 매력적으로 전달할 수 없다. 그럴 때는 '무엇인가'에 대한 집착을 깔끔히 버려야 한다. 그렇다면 어떻게 해야 할까?

다른 각도에서 강한 인상을 준다

온갖 것을 매력적으로 그려내야 하는 방송 제작 현장에서 종종 사용하는 기법이다. 이번에는 방송을 제작하는 상황을 예로 들어 알아보자.

정보 프로그램의 기획 코너인 '봄맞이 비즈니스 도구 특집'에서 새로 나온 명함 지갑을 소개하게 되었다. 그런데 상품 자체는 아무런 특징이 없는 평범한 명함 지갑이다. 굳이 찾아보자면 천연 가죽을 사용했고 특수 재봉으로 내구성을 높였는데도 2만 원대로 나름 저렴하다는 것 정도이다. 그렇다고 해도 저렴함을 매력으로 내세우기에는 가격이 너무 어중간하다. 더구나 딱히 디자인이 뛰어나지도 않아서 다른 명함 지갑과 차별화하기 어렵다.

이 상품을 어떻게 소개할지 한번 생각해보자.

내가 이 프로그램의 연출가라면 명함 지갑의 디자인이나 기능이 아니라 다른 각도에서 스토리를 구축할 것이다. 이를테면 시점을 상품에서 제작자로 전환하는 것이다. 이 명함 지갑을 개발한 스즈키 씨를 주인공으로 내세워 시청자의 감성을 자극하는 스토리를 만들어낼 수는 없을지, 당사자의 이야기를 철저히 들어본다.

예를 들어 다음과 같다.

> 명함 지갑을 개발한 스즈키 씨는 부친의 장례식 날, 애용하던 물건을 함께 보내드리고자 아버지가 20년 이상 사용하시던 명함 지갑을 관에 함께 넣어주려고 했다. 그런데 출관 직전에 '아버지의 손때가 묻어 있는 물건이니 품에 지니고 다니자'는 생각에 마음을 바꿔서 명함 지갑을 다시 관에서 꺼내 유품으로 지니게 되었다.
>
> 그 후 책상 위에 올려놓은 명함 지갑을 보면서 스즈키 씨는 이렇게 생각했다.
>
> '20년이라는 긴 세월 동안 쓸 수 있는 물건, 게다가 당신이 사용한 뒤에도 유품으로 간직할 수 있는 물건이라니……. 나도 이런 물건을 만들고 싶다.'
>
> 단순한 상품이 아니라 추억으로 오랫동안 간직할 수 있는 물건을

만든다는 마음을 담아서 스즈키 씨는 재봉 방식을 개량해 튼튼하고 오래 쓸 수 있는 명함 지갑을 만드는 데 성공했다.
여기에 최대한 많은 사람이 자신과 같은 경험을 했으면 하는 바람에서 가격도 저렴하게 책정했다.

이렇게 스토리를 만들면 실제 제품에 관해서는 한마디도 하지 않고도 명함 지갑의 매력을 크게 높일 수 있다. 명함 지갑 자체에 관해 언급하지 않고서도 다른 제품과는 '무엇인가 다른' 명함 지갑이라는 인상을 줄 수 있는 것이다.

여기에서 중요한 점은 상대의 이야기를 '철저하게 들어보고 허위가 아닌 사실에 기반을 둔 실제 스토리'를 구축하는 것이다.

이렇게 관점을 바꿔서 스토리를 만드는 기법은 프레젠테이션이나 인터넷 쇼핑몰의 상품 설명에도 활용할 수 있다. 활용할 때의 포인트는 다음의 2가지다.

1. 개발자, 발안자 등 '주인공'을 내세운다

스토리를 만들려면 주인공이 필요하다. 그리고 이때의 포인트는 개인을 주인공으로 내세우는 것이다. 상품을 홍보할 경우

기업 전체에 초점을 맞추지 말고 프로젝트의 중심인물을 주인공으로 내세워 스토리를 구축하면 사람들의 감정을 움직이기가 훨씬 쉽다.

"A사가 움직였다"라고 표현하기보다 "A사 상품개발부의 사토가 움직였다"와 같이 사원 한 명의 마음이 회사 전체를 움직였다는 식으로 스토리를 구축하는 편이 훨씬 더 친근하게 느껴지며 더욱 강한 인상을 남긴다.

2. '마음'을 중심으로 스토리를 구축한다

당연한 말이지만 스토리는 상대의 마음에 와 닿아야 비로소 의미가 있다. 이렇게 말하면 굉장히 난이도가 높게 느껴질 텐데 사실은 누구나 쉽게 활용할 수 있는 포인트가 있다.

'마음'에 초점을 맞춘다.

상품을 팔 때 '마음'을 확실히 전달하면 고객의 감정을 움직여서 구매로 이어진다.

이 방법을 효과적으로 활용하고 있는 사례가 바로 '크라우드 펀딩'이다. 많은 사람들이 아직 존재하지 않는 서비스나 상품,

프로젝트 등에 기꺼이 자금을 대는 이유는 '세상을 더욱 좋게 만들고 싶다', '많은 사람들에게 편리한 상품을 제공하고 싶다'는 제작자의 마음에 공감했기 때문이다. 크라우드펀딩 사이트에는 수많은 스토리가 실려 있으니 참고 삼아 살펴보자.

스토리를 이용한 전달법은 언뜻 어렵게 생각되지만 막상 해보면 의외로 간단하다. 텔레비전뿐만 아니라 인터넷상에도 참고할 만한 스토리가 많으니 조사해보면 활용할 만한 것들을 많이 찾을 수 있다.

출구 없는
반전 매력

"강렬한 인상을 주는 이야기에서 가장 중요한 요소는 반전이다"라는 말이 있다. 겉모습은 무섭게 생겼지만 사실은 마음이 따뜻한 사람에게는 저절로 마음이 열린다. 휴일에 만났을 때는 허름한 옷차림이었던 사람이 다음 날 말끔하게 양복을 빼입고 나타나면 순간적으로 반하게 된다. 말하자면 '반전 매력'에 끌리는 것이다.

텔레비전 프로그램에서도 반전 기법으로 시청자의 마음을 움직이는 연출이 자주 사용된다. 예전에 연출가 몇 명에게 "제일 효과적인 연출은 뭘까?"라고 물어봤을 때도 가장 많은 대답이 "반전"이었다.

텔레비전 방송 제작 현장에서 자주 사용하는 표현을 통해 반전을 만드는 방법을 알아보자.

'달다'는 말의 파괴력

'달다'라는 말이 얼마나 강력한 파괴력을 지니고 있는지 아는 사람은 많지 않을 것이다. 본래 달지 않은 것을 달다고 표현하면 반전이 만들어져서 굉장히 커다란 부가가치를 탄생시킬 수 있다.

예전에 나는 〈임금님의 브런치〉라는 정보 프로그램에서 리포터와 함께 전국의 여관이나 화제를 모으는 음식점을 취재했는데, 이때 가장 중요한 포인트는 바로 리포터의 실력이었다. 소개하는 리포터에 따라 표현력이 천차만별이기 때문이다. 연출가도 생각하지 못했던 기발한 표현으로 맛을 묘사하는 리포터가 있는 반면, 경험이 많지 않은 탓에 다양한 표현을 하지 못하는 리포터도 있다.

그러나 어떤 리포터가 취재했든 시청자에게 요리의 맛을 매력적으로 전해야 하는데, 그럴 때 내가 초보 리포터에게 했던 말이 있다.

"뭐라고 표현해야 할지 난감할 때는 '달다'라고 말하면 어떻게든 돼!"

예를 들어 고기를 먹었을 때 "씹을수록 '단맛'이 느껴져요", 회를 먹었을 때 "입에 넣는 순간 입안 전체에 '단맛'이 퍼지네요", 생채소를 먹었을 때도 "신기하게도 채소에서 '단맛'이 나요"라고 말하는 것이다.

음식을 소개하는 리포터가 이렇게 말하는 것을 들어본 적이 있을 것이다. 그러나 냉정하게 생각해보자. 과일이라면 몰라도 고기에서 정말로 그렇게 단맛이 날까? 단맛이 나는 생선회가 있을까? 생채소를 먹었을 때 달다고 느낀 적이 있는가? 나는 한 번도 없다. 아마 대부분 그럴 것이다.

그런데 신기하게도 '달다'라고 표현한 순간 슈퍼마켓에서 저렴한 가격에 파는 고기나 생선회와는 전혀 다른 고급스러운 인상을 심어준다. 단맛이 날 리가 없는 것을 '달다'라고 말하면 맛있다는 인상을 줄 수 있는 것이다.

이것이 '반전'의 효과다.

참고로 대상이 '달지 않은 것'일수록 효과가 더 크다.

음식점 관계자는 물론이고, 그렇지 않은 사람이라도 맛집 평가 사이트의 리뷰나 블로그, SNS 등에 활용해보자. 읽는 사람에게 강렬한 인상을 줄 수 있을 것이다.

편리하고 효과적인
반전 표현

'달다'와 같은 효과를 낼 수 있는 반전 표현들은 다음과 같다.

진하다

음식의 맛은 재료의 맛과 조미료의 맛으로 나뉜다. '재료의 맛'이 '진하다'고 표현하면 효과적이다.

"이 샐러드는 채소 자체의 맛이 굉장히 진하네요. 이런 건 처음 먹어봐요!"

"재료 자체의 맛이 진하다"라는 말을 들으면 왠지 신선하고 비싸게 느껴지지 않는가? 그러나 진하다는 감각은 개인의 견해이므로 정해진 잣대가 없다. 말하는 사람의 마음인 것이다.

향이 강하다

향도 향신료의 향과 재료 자체의 향으로 나뉜다. 향신료를 사용한 요리를 표현할 때 의도적으로 향신료가 아니라 재료의 향에 초점을 맞추면 반전을 연출할 수 있다.

"향신료가 들어갔는데도 닭고기의 달콤한 향이 강하게 나요!"

여행이나 맛집 소개 프로그램의 내레이션을 주의 깊게 들어보면 의외로 유용한 반전 표현이 가득 담겨 있다.

또한 "A 속에 숨어 있는 B(쓴맛 속에 숨어 있는 단맛)", "A 다음에 B가 따라온다(쫄깃함 뒤에 부드러운 식감이 따라온다)" 등 냉정하게 생각해보면 의미를 이해하기 어렵지만 어떤 이미지가 단번에 느껴지는 표현도 많다.

이처럼 음식을 소개하는 프로그램에서 리포터가 말하는 좋은 표현을 찾아내 활용해보면 도움이 된다.

비교 우위를 통한
반전 효과

여행을 갈 장소를 정할 때, 물건을 살 때, 회의에서 무엇인가를 결정할 때 사람들은 무의식적으로 어떤 작업을 하면서 '할지 말지'나 '좋은지 나쁜지'를 선택한다. 그 작업이 바로 비교 검토이다.

예를 들어 가전제품을 살 경우 많은 사람들이 여러 제조사의 제품을 다양한 각도에서 비교한 다음 구입한다. 또한 자신의 자녀를 옆집 자녀와 비교하거나 인스타그램에 올라온 친구의 화려한 생활과 자신의 평범한 일상을 비교하며 우울해하는 사람도 있을 것이다.

이처럼 사람은 항상 비교를 하면서 생각한다. 그리고 이때

반드시 등장하는 것이 '잣대', 즉 비교 대상이다. 이것이 없으면 비교를 할 수가 없다. 가령 텔레비전에서 양을 푸짐하게 주는 카레집을 소개할 때도 일반적인 양의 카레가 옆에 없으면 대체 얼마나 푸짐하게 주는지 실감하기가 어렵다.

'잣대'를 효과적으로 활용하면

반전을 통해 더욱 강한 인상을 줄 수 있다.

그렇다면 잣대를 어떻게 활용해야 할까?

법칙 16

낮은 잣대를 먼저 제시한다

사람들은 크게 노력하지 않고도 무의식적으로 '잣대'를 만들어낸다. 그리고 대부분 그것은 대상물과 비슷한 수준이다. 예를 들어 가전제품을 비교 검토할 경우에는 같은 가격대에 기능도 유사한 제품을 떠올릴 것이다. 이때 상대가 비교 대상을 생각하지 못하게 하고 '잣대'를 제시하면 반전 효과를 만들어낼 수 있다.

이 방법의 포인트는 짧은 '잣대'를 제공함으로써 길이가 더욱 길게 느껴지도록 만드는 것이다. 말하자면 무엇인가를 판단할 때의 '기준'을 상대보다 먼저 제시해서 이미지 조작을 한다는 뜻이다.

잣대를 제시하는 기법의 효과를 실감한 사례가 있다. 예전에 아파트를 구입했을 때의 일이다. 나는 처음부터 부동산 중개인에게 '지은 지 5년 이하의 아파트'를 찾아달라고 부탁했는데, 마음에 드는 물건이 좀처럼 나오지 않았다. 그러던 어느 날, 아파트 두 곳을 소개받고 구경하러 가게 되었다. 가까운 거리에 있고 넓이와 건축 시기, 가격까지 거의 같은 아파트였다.

첫 번째 집을 찾아갔는데 표정이 어두운 한 남자가 우리를 맞이했다. 집 안에는 아내로 보이는 분의 불단이 있었다. 아들의 방은 냄새도 조금 나는 것이 아무래도 사춘기인 모양이었다. 또한 벽에는 구멍이 나 있었다. 집 안을 둘러본 나의 인상은 '이 정도 가격의 집이 다 이렇지, 뭐'였다. "이 지역에 있는 비슷한 가격대의 물건은 거의 이 정도일 겁니다"라고 말하는 부동산 중개인의 말이 묘하게 수긍이 갔다.

그리고 이어서 같은 가격대의 두 번째 집을 찾아갔다. 그런데 집 안으로 들어간 순간 내 눈빛이 달라졌다. 먼저 살던 사람은 이미 이사를 간 상태였고, 거실과 인접한 방의 벽이 뚫려 있어서 거실이 굉장히 넓어 보였다. 순식간에 '여기에 커다란 소파를 놓고, 텔레비전도 큰 것으로 장만하고⋯⋯'라는 이미지가 머릿속에 그려져서 나는 그 자리에서 계약서에 도장을 찍었다.

다음 날 부동산 중개인에게 "솔직히 말해보세요. 첫 번째 집은 저한테 팔 생각으로 보여준 게 아니었죠?"라고 물었다. 그러자 중개인은 "네, 맞습니다. 그 집은 도무지 팔릴 기미가 없네요"라고 솔직하게 대답했다.

내가 산 집도 그때는 굉장히 마음에 들었지만 지금 생각해보면 그저 평범한 집이었다. 넓다고 감동했던 거실도 가구를 놓으니 보통 수준이었다. 부동산 중개인은 내가 설정한 조건과 가장 큰 차이가 나는 물건을 물색했다. 그리고 정말로 팔고자 하는 물건을 위해 '잣대'를 적절히 설정해서 '반전'을 만들어내는 데 성공해 즉시 계약을 성사시킨 것이다.

짧은 '잣대'를 먼저 제시해서 상대의 기준을 낮추면 평범한 물건을 더 좋아 보이도록 만들 수 있다. 특히 내 경우처럼 '같은 범주'의 '최대한 비슷한 조건'에서 차이를 만들어내면 그 효과는 더욱 커진다.

단어 하나로
반전을 주는 법

"남편에게 분명히 부탁했는데 기억하지 못한다."

"부하직원이 가르쳐준 것을 금방 잊어버린다."

이런 일로 짜증이 났던 경험은 누구에게나 있을 것이다. 많은 사람들이 한 번 들은 내용을 금방 잊어버리고 만다. 문제는 그렇다고 해서 했던 말을 계속 반복하면 상대가 피곤해하거나 불쾌하게 여긴다는 것이다. 이렇게 되면 전달하고 싶은 내용을 제대로 전달할 수가 없다.

앞에서 정보를 옻칠하는 기법을 소개했는데, 여기에서는 '반전'을 사용해 단번에 강한 인상을 남기는 방법을 알아보자.

'그러나!'로 긴장감을 준다

'그러나', '그런데', '하지만' 같은 접속사로 이어지는 것을 역접이라고 한다. 이것을 효과적으로 활용하면 반전을 통해 이야기의 단조로움을 피하거나 강조할 수 있어서 말하고 싶은 내용을 상대에게 더욱 강하게 전달할 수 있다. 사용법은 간단하다.

강하게 긍정하고 싶은 말 앞에 접속사를 배치한다.

이러한 기법 역시 방송 제작 현장에서 자주 사용된다. 텔레비전 프로그램에서 접속사가 갑자기 나타나 화면 전체를 가득 채우는 장면을 본 적이 있을 것이다.

그러나!

접속사를 전면에 내세운다면 그 뒤에 나오는 말을 강조하려는 것이다. 예를 들어 젊은 경영자의 활약을 소개하는 글을 쓴다고 가정하자. 먼저 역접이 없는 문장부터 살펴보자.

일에 대한 자세가 안일하다는 평가를 많이 받는 '밀레니얼 세대' 중에 최선을 다해 일하며 자신에게 엄격한 젊은 경영자가 있었다.

이 문장에 역접을 추가해보자.

일에 대한 자세가 안일하다는 평가가 많은 '밀레니얼 세대'.
그러나!
그런 '밀레니얼 세대' 중에 최선을 다해 일하며 자신에게 엄격한
젊은 경영자가 있었다.

단어는 거의 같지만 역접을 사용하니 젊은 경영자의 존재가 더욱 부각된다. 이미지가 더욱 선명하게 머릿속에 들어올 것이다.

포인트는 강조하고자 하는 것과 정반대의 말을 접속사 앞뒤에 배치하는 것이다. 다음과 같이 앞뒤 말의 괴리가 클수록 효과도 커진다.

사토 씨가 정말 꼼꼼하게 일하는 건 항상 고맙게 생각하고 있어.

다만,

조금만 속도를 신경 쓰면 더 고맙겠어.

→ '당신은 일 처리 속도가 느리다'는 것을 강조할 수 있다.

저희 회사의 강점은 전통입니다.

하지만!

이번에 새로 시작하는 서비스는 그 전통을 깨는 혁신적인 것입니다.

→ '서비스의 참신함'을 더욱 강조할 수 있다.

앞뒤에 정반대의 말을 배치해서 괴리를 크게 만들고 접속사로 연결한다. 가장 전하고자 하는 내용으로부터 역산하면 효과적인 구조를 만들어낼 수 있다.

/

전달력을
100% 끌어올리는
비장의 테크닉

매력을
20% 끌어올리는
단어

적절한 '한마디'를 덧붙여서 전달력을 높인다!

이것이 이번 장의 주제다.

당신은 '한마디'의 중요성을 아는가? 우리는 잘 의식하지 못하지만, 세상에는 '전달력을 크게 높이는 한마디'와 '전달력을 크게 떨어뜨리는 쓸데없는 한마디'가 있다.

텔레비전 방송 제작 현장에서는 이 '한마디'에 심혈을 기울인다. 내레이션이나 화면의 자막에 한마디를 추가하지 않은 탓에, 혹은 쓸데없는 한마디를 추가한 탓에 시청자가 채널을 돌려버리기 때문이다.

이런 '한마디'는 텔레비전 방송 제작 현장뿐만 아니라 일상생활에도 큰 도움을 준다. 게다가 말이나 문장에 '살짝 덧붙이기'만 하면 되니 매우 편리하고 누구나 즉시 활용할 수 있다.

사실상 같은 의미의 말인데도 한마디를 덧붙임으로써 상대에게 주는 인상을 극적으로 바꿀 수 있는 '살짝 덧붙이기' 기법을 알아보자.

생생함을 불어넣는
한마디

덧붙이는 순간 말에 생기가 도는 '궁극의 한마디'가 있다.

'지금'으로 현장감을 연출한다

놀랍게도 이 한마디를 의식적으로 집어넣으면 상대에게 전해지는 느낌이 완전히 달라진다. 이미 머리말에서도 소개했지만, 다시 한 번 복습해보자.

내일은 팀장이 작성하라고 요청한 프레젠테이션 자료를 제출해야 하는 마감일이다. 그러나 당신은 다른 업무로 너무 바빠서 조금밖에 작업을 하지 못했다. 그래서 빨리 해야겠다고 생각하던 차에 팀장에게 문자 메시지가 왔다. 내용은 물론 "프레젠테이션 자료, 내일이 마감인데 잘되고 있나?"라는 것이었다.

이때 "작업 중입니다. 걱정 안 하셔도 됩니다"라고 답신하면 팀장은 어떻게 생각할까? 어디까지 진행이 됐는지, 정말 걱정 안 해도 되는 건지 알 수 없어서 마음이 불안하지 않을까? 어쩌면 확인 전화를 걸어서 가뜩이나 바쁜 당신의 시간을 빼앗을지도 모른다. 이런 사태를 방지하려면 "지금 작업 중입니다. 걱정 안 하셔도 됩니다"라고 '지금'이라는 한마디를 붙여서 답신하자. 고작 단어 하나를 추가했을 뿐이지만 '하고 있다는 느낌'을 주기 때문에 팀장도 당신이 열심히 작업을 하고 있다고 생각하며 안심할 것이다.

또 다른 예를 들어보자. 인재 파견 회사의 광고 문구에 '지금'을 넣지 않았을 때와 넣었을 때 느낌이 어떻게 달라지는지 비교해보자.

'지금'을 넣지 않았을 때

저희 회사가 하는 일은 기업을 움직일 인재를 알선하는 것입니다.

'지금'을 넣었을 때

저희 회사가 '지금' 하고 있는 일은 기업의 '지금'을 움직일 인재를

알선하는 것입니다.

차이가 더욱 두드러지도록 '지금'을 두 군데에 넣어봤다. '지금'이라는 한마디를 넣었을 뿐인데 활력 있는 기업이라는 느낌을 준다. 사실 기업의 과거를 움직일 수는 없는 노릇이므로 '기업을 움직인다'와 '기업의 지금을 움직인다' 모두 '지금의 기업'을 움직인다는 의미다. 냉정하게 생각하면 '지금'이라는 단어를 넣든 넣지 않든 이 회사의 사업 내용은 전혀 달라지지 않는다. 그럼에도 '지금'이라는 단어를 추가함으로써 현장감과 약동감, 활력이 느껴진다.

'지금'이라는 편리한 단어는 텔레비전 방송의 내레이션에도 자주 사용된다. 집어넣기만 하면 '현재 화제가 되고 있다는 느낌'을 간단하게 만들어낼 수 있다. 최신 정보를 전해야 한다거나 새로운 정보일수록 가치가 높아지는 텔레비전 방송에서 '지

금'이라는 단어는 굉장히 유용한 표현이다.

또한 '지금'이라는 단어는 '그것을 언급하는 이유'도 만들어 낸다.

"지금 ○○이기에 이 소재를 언급할 필요가 있습니다."

이런 어감을 쉽게 만들어낼 수 있기에 프레젠테이션이나 영업, 사적인 부탁 등 상대에게 무엇인가를 강하게 요구해야 하는 상황에서 위력을 발휘한다. '지금'이라는 한마디로 전달력을 극적으로 높이는 경험을 해보자.

굉장해 보이는 효과를
연출하는 법

간판은 언제 어디서나 중요하다.

'간판'이라는 말을 들으면 가게의 간판 이외에 '대표이사'나 '부장' 등 직함이 떠오를 것이다. 물론 이런 것들도 이야기 속에 집어넣으면 전달력이 달라진다. 회사가 방침을 변경할 것 같다는 이야기를 할 때도 "사장님께서 말씀하셨어", "부장님이 아침에 이야기를 들었다고 하시더라" 등 구체적인 직함을 포함하면 신빙성을 높일 수 있다.

다만 여기에서 말하는 '간판'은 직장에서의 지위가 아니다.

법칙 19

'간판'을 사용해 권위를 높인다

어떤 메시지나 정보를 전달할 때, 그것이 '굉장한 것'이거나 '굉장한 사람이 추천한 것'이거나 '굉장한 회사가 만든 것'이라고 권위를 부여하면 다른 노력을 하지 않아도 상대가 매력적으로 느낀다. 물론 텔레비전 방송에서도 '권위'의 힘을 빌려서 매력을 증폭시킨다.

정보나 메시지를 전달하기 직전에 '대단함'을 나타내는 간판을 배치해 권위를 부여하기만 하면 된다.

○○ 넘버원

3대 ○○ 중 하나

팔로워 ○○만 명

이렇게만 하면 듣는 사람의 흥미를 자아낼 수 있다.

몇 가지 예를 들어보자.

상반기 매출 넘버원!

인기 메이크업 아티스트가 밝히는 초간단 피부 관리법

일본 3대 야경 중 하나

○○전망대에서 지금 인기 폭발 중인 아이스바!

팔로워 20만 명!

인기 맛집 블로거와 긴급 컬래버레이션 기획!

여기에서 밑줄 친 부분이 '간판'이다.

이제 시험 삼아 세 번째 예문에서 '간판'을 치워보자.

'인기 맛집 블로거와 긴급 컬래버레이션 기획!'

간판이 사라지니 무엇이 대단한지 잘 느껴지지 않을 것이다. 첫머리에 간판을 추가하느냐 추가하지 않느냐에 따라 상대의 반응이 달라진다.

'간판'이 있다면 첫머리에 추가하자.

하지만 필요한 상황에서 필요한 간판이 있는 경우가 많지는 않을 것이다. 강력한 간판을 달 수 있는 사람이나 물건은 세상에 그리 많지 않다. 평범한 사람이나 물건이 압도적으로 많다. 하지만 그럴 때도 이용할 수 있는 편리한 '간판'이 있다.

'주목도 최고'라는 말을 이용한다

'주목도'는 단위로 나타낼 수 있는 '잣대'가 없지만 어렴풋이 '굉장한 게 아닐까?'라는 느낌을 주는 모호한 표현으로 간판의 역할을 충실히 수행한다. 이 표현은 광고에서 자주 볼 수 있는데, 이 논리를 잘 이해하고 있는 광고업계 사람들은 의도적으로 사용한다. 일부러 모호한 표현을 사용해서 '왠지' 강하게 느껴지도록 만드는 것이다. 이런 표현은 '주목도 최고' 이외에도 다음과 같다.

■ 강한 이미지를 주는 단어 ■

1. 긴급

'긴급 고지', '긴급 소집'

고지(告知)는 애초에 긴급성이 높은 경우가 많다. 그러나 여기에 '긴급'을 추가하면 의미가 더욱 강해진다. 이메일의 제목이나 SNS에 사용하면 상대방의 주목을 끌 수 있다.

2. 대박

'대박 ○○ 체험', '대박 맛있어요!'

이것은 서비스나 요리 등 '경험'하는 무엇인가를 표현할 때 편리하다. 흔한 경험도 '대박'을 붙이면 기대감을 높일 수 있다. SNS에 글을 쓸 때 위력을 발휘한다.

3. 철저

'철저 검토', '철저 비교', '철저 제거'

이것은 방송에서도 자주 사용하는 표현인데, 어디까지가 느슨한 것이고 어디부터가 철저한 것인지를 나누는 '잣대'는 존재하지 않는다. 그러나 이 말을 붙이면 '자신의 힘을 최대한 사용했다'는 가치를 연출할 수 있다. 기획이나 상품의 홍보 문구 등에 사용하면 강한 이미지를 줄 수 있다.

4. 최강

'최강의 변호사 군단', '최강의 닭가슴살 요리', '최강의 청소법'

'최강'은 최상급의 표현임에도 근거를 제시할 필요 없이 사용할 수 있는 매우 편리한 단어다. '최강의 ○○!'이라는 표현이 관용적으로 사용되고 있기 때문이다. 언뜻 '강약'과는 상관없어 보이는 것에 붙여도 의미가 통하기에 더더욱 편리하다. 자신이나 자사의 상품, 블로그에서 무언가를 소개할 때 폭넓게 사용할 수 있다.

이런 표현은 살짝 덧붙이기만 해도 전달력이 높아질 뿐만 아니라 누구나 금방 활용할 수 있다.

100% 반응을 끌어내는
마법의 단어

상담이나 프레젠테이션, 업무상의 커뮤니케이션을 할 때는 상대가 적극적으로 자신의 이야기를 들어주느냐에 따라 결과가 크게 달라진다. 그리고 상대가 적극적으로 들어주게끔 하는 마법의 말이 있다.

'딱 하나'로 가치를 높인다

"당신의 인생을 바꿀 방법이 딱 하나 있습니다."

"이것은 굉장한 인기 상품인데 저희 가게에

재고가 딱 하나 있습니다."

이런 말을 들으면 자신도 모르게 이야기를 듣고 싶어진다. '딱 ○○', '○○뿐'과 같이 한정을 나타내는 표현을 듣는 순간 흥미를 느끼기 시작한다. 한정 수량으로 파는 디저트를 먹으려고 젊은 여성들이 가게 앞에 길게 줄을 서는 것과 같은 심리가 발동하는 것이다.

그렇다면 '딱 하나'라는 말을 어떻게 활용해야 할까? 가장 효과적인 방법은 가장 전하고 싶은 정보나 메시지를 '그리고!' '그것은!' 등의 말 직후에 배치하는 것이다. 이것과 '딱 하나'라는 말을 어떻게 조합해야 할까? 예를 들면 다음과 같다.

텔레비전의 연출은 70년 동안 꾸준히 업데이트되어 왔지만,

바뀌지 않은 것이 '딱 하나' 있다.

그것은! '온라인'으로 정보를 전해왔다는 것이다.

이 문장은 내가 회사에서 제작한 기획 홍보 동영상을 프레젠테이션할 때 사용하는 것이다. 이렇게 말하면 상대의 자세가

놀랄 만큼 적극적으로 바뀐다.

'딱 하나'라는 말을 할 때는
목소리를 약간 천천히 살짝 높이면 더욱 효과적이다.

강조하는 것이 여러 개일 경우에는 '딱 2가지', '딱 3가지'라고
말하는데, 각각을 설명할 때 앞머리에 '첫째는', '둘째는'이라고
표현하는 것이 좋다. 예를 들면 다음과 같다.

귀사의 문제점을 해결할 방법이 딱 2가지 있습니다.
첫째는 IT를 통한 생산성 향상,
둘째는 사원들의 주체성을 키우는 것입니다.

이렇게 하면 이야기에 완급이 생겨서 인상적인 프레젠테이
션을 할 수 있다. '딱 하나'라는 한마디는 실제 프레젠테이션 현
장에서 100퍼센트 반응을 이끌어낸 마법의 단어다.

초반에 분위기를
띄우는 표현

　블로그에 글을 쓸 때, 혹은 살벌한 분위기의 화상회의에서 발언할 때는 상대방이 받아들일 준비가 되어 있도록 만들어야 한다. '이 글은 꼭 읽어보고 싶어', '이 이야기는 들을 가치가 있겠어'라는 마음이 들게 만든 다음 본론에 들어가는 것이다. 가족이나 친구에게 조금 어려운 부탁을 할 때도 마찬가지다.

　본론에 들어가기 전에 상대가 이야기에 흥미를 갖도록 '분위기를 띄운다'고 할 수 있을 것이다. 왠지 어려워 보일지 모르지만 사실상 어려운 기술은 아니다. 어떤 요소를 살짝 덧붙이기만 해도 상대방의 흥미를 끌 수 있다.

'배경'을 살짝 덧붙인다

여기에서 말하는 '배경'은 '지금 이런 상황에서 이런 심각한 문제가 있다'라는 것을 알기 쉽게 명시하는 것이다. 그 자리에 있는 사람이 처한 현재의 상황을 설명함으로써 전하고자 하는 메시지를 돋보이게 만든다.

'배경을 덧붙인' 예문과 '배경을 덧붙이지 않은' 예문을 비교해보면 '배경'의 중요성을 실감할 수 있다.

배경을 덧붙이지 않은 경우

일상생활의 불필요한 지출을 한눈에 알 수 있는 앱이 인기!

배경을 덧붙인 경우

사회적 거리 두기의 영향으로 수입이 감소해 살림살이가 어려워지고 있는 지금, 일상생활의 불필요한 지출을 한눈에 알 수 있는 앱이 인기!

후자가 더욱 깊은 인상을 남긴다. 메인 카피는 같지만 첫 줄에 '배경'을 추가한 순간 몇 배 더 흥미를 끄는 문장이 되었다.

예를 들어 방송 프로그램에서 보습 크림을 소개할 때 "피부 건조가 신경 쓰이는 이 계절"이라고 먼저 말하고(마른 나뭇잎이 바람에 날리는 영상 등이 배경화면으로 나오기도 한다), 이어서 "피부에 촉촉함을 더해주는 추천 보습 크림이 있습니다!"라고 말한다. 자주 볼 수 있는 구성이다. '지금은 피부가 건조해지기 쉬운 계절이다'라는 배경을 추가함으로써 보습 크림의 필요성을 더욱 인상적으로 전하는 것이다. 너무 익숙한 나머지 당연하게 느껴지기도 하겠지만, 이것은 방송 제작 현장에서 확실한 이론에 입각해 정보를 더욱 효과적으로 전달하기 위한 기법이다.

정보에 '배경'을 추가하는 것에는 또 다른 커다란 효과가 있다.

지금 그것을 언급하는 이유가 생긴다.

친구와 평범한 대화를 나눌 때도 배경이 있느냐 없느냐에 따라 이야기의 신선도(상대방에게 주는 인상)가 크게 달라진다. 배경을 덧붙이면 '그것을 언급하는 이유'가 하나 추가되며, '이야기를 들을 필요성'이 생기기 때문에 상대방의 이야기를 듣는 자세가 달라지는 것이다.

배경이 될 수 있는 것으로는 다이어트, 운동 부족 등 만인에게 공통적인 고민거리, 사회문제, 밸런타인데이나 크리스마스 같은 이벤트 등이 있다. 또한 다른 사람에게 부탁을 할 때는 자신이 놓인 상황을 '배경'으로 사용해도 좋다.

예를 들어 어머니에게 게임기 '닌텐도 스위치'를 사달라고 부탁할 때, "내 친구들은 모두 갖고 있단 말이야! 나도 사줘!"라고 떼를 쓰면, 어머니는 "걔네는 걔네고 우리는 우리지!"라며 들은 척도 하지 않을 것이다. 그러나 "오늘 친구들하고 노는데, 다들 스위치를 가져와서 통신 기능으로 게임하는 걸 구경만 해야 했어. 요즘은 스위치가 없으면 친구들하고 놀 수도 없어"라고 자신이 놓인 상황을 '배경'으로 전하면 적어도 이야기는 들어줄지 모른다.

'배경'을 살짝 덧붙이는 기법은 당연한 것이라는 느낌이 강하기에 '이게 뭐가 그렇게 대단하다는 거지?'라고 생각하는 사람도 많을 것이다. 그러나 메시지를 전하고 싶다는 마음이 너무 강한 나머지 자신도 모르게 직설적으로 용건만 꺼내는 사람들이 많다. 상대방의 관심을 끌어서 이야기를 듣도록 유도하지 않으면 메시지를 전달하는 데 실패할 가능성이 크다. '배경 살짝 덧붙이기'는 살짝 정도가 아니라 커다란 효과를 낳는 유용한 도구이다.

수치 데이터로
확신을 준다

정보에 '배경'을 살짝만 덧붙여도 상대를 집중하게 하는 효과가 있다. 이번에는 '배경'을 활용하기 위한 또 다른 방법을 알아보자.

'배경'이란 글자 그대로 뜻풀이를 하면 배후에 있는 경치를 말한다. 배경을 묘사하는 가장 빠른 길은 상대방에게 그 경치를 직접 보여주는 것이다. 다만 상대방을 그 장소까지 데려갈 수 없으므로 다음 2가지 방법을 사용한다.

- 그 경치를 동영상으로 촬영해서 보여준다.
- 상대방이 머릿속에 그 경치를 상상하도록 만든다.

무엇인가를 설명할 때 동영상을 보여주는 것은 분명 효과적인 방법이다. 그러나 매번 동영상을 촬영하는 것은 상당히 번거로운 일이며, 외부에 의뢰하면 당연히 돈이 많이 든다. 돈이나 시간을 들일 수 없다면 후자를 선택할 수밖에 없다.

우리는 소설을 읽으면서 이야기 속의 경치를 머릿속에 떠올린다. 어떻게 그것이 가능할까? 그 이유는 글로써 '구체적인 묘사'를 하기 때문이다. 풍경이나 인물, 분위기 등을 생생하게 상상할 수 있을 정도로 말이다. 이를 통해 독자는 머릿속에서 가상의 세계를 그리고, 그 안에서 감동의 눈물을 흘리기도 하고 분노하기도 하는 등 작가의 의도대로 감정을 조종당한다.

하지만 일반인들은 그런 고도의 기술을 구사할 능력이 없다. 따라서 우리가 사용해야 할 것은 다음의 법칙이다.

법칙 23

구체적인 숫자를 활용한다

소설가처럼 무엇인가를 생생하게 상상할 수 있을 정도로 묘사하는 능력이 없다면 숫자를 활용해보자. 구체적인 숫자를 제시하면 특별한 기술 없이도 상대방에게 배경을 상상하도록 만들 수 있다. 예를 들어 일사병 방지 상품을 팔 때는 '일사병에 걸리는 사람이 많다'라는 배경을 덧붙일 필요가 있는데, 이때 숫자를 집어넣느냐 넣지 않느냐에 따라 전달력이 크게 달라진다.

숫자 없음

온난화와 녹지 감소에 따른 여름철 기온 상승으로 일사병 환자가 매년 증가하고 있습니다.

숫자 있음

일사병에 걸려 병원으로 실려 가는 사람의 수는 연간 약 6만 명에 이릅니다.

두 문장 모두 일사병에 걸리는 사람이 많은 배경을 설명하고 있다. 과거보다 기온이 높아져 일사병이 증가하고 있다는 것은 주지의 사실이며 '당연한' 내용이다. 그러나 당연한 것이라도, 아니 오히려 당연한 것이기에 더더욱 데이터를 제시하면 새롭게 인식하게 되어 상대방은 머릿속에서 배경(문제의식)의 윤곽을 뚜렷하게 그릴 수 있다.

　나도 숫자의 도움을 받은 적이 있다. 약 15년 전에 후지TV의 정보 프로그램에서 '결혼 못 한 여자'라는 다큐멘터리 코너를 담당했을 때였다. 지금이라면 상상할 수도 없는 제목이지만, 당시는 그런 제목의 코너가 수도권 방송국에서 골든타임에 방영되고 있었다. 이 또한 시대의 변화를 느낄 수 있는 일화이다.

　취재 대상은 말 그대로 미혼 여성이었다. '결혼할 생각은 있지만 적극적으로 상대를 찾고 있지는 않은, 하루하루를 충실하게 살아가고 있는 30대 여성'이라는 조건도 있었다. 이 조건에 부합하는 여성 3명을 찾아서 밀착 취재를 해야 했다.

　그러나 대체 누가 이런 제목의 방송에 나오고 싶겠는가? 어떻게 설득을 해야 할지 감도 잡히지 않아 한숨만 쉬었던 기억이 난다.

　결론부터 말하면 첫 번째 섭외에서 곧바로 승낙을 받아내는 데 성공했다. 이때 나의 구세주가 되어준 것이 바로 숫자였다. 어느 조사 기관이 발표한 '30대 미혼 여성의 추이'라는 데이터였다. 지금은 30대 독신 여성이 드물지 않지만, 당시는 뉴스나 주간지에서 "30대 독신 여성의 비율이 최고치를 기록했다!"며 호들갑을 떨던 시절이었다. 그러나 사람들은 30대 독신 여성의 증가율이 정확히 어느 정도인지 확실히 알지 못한 채 그저 느낌만으로 인식하는 상태였다.

섭외를 시작하면서 나는 테이블에 그 자료를 올려놓고 막대 그래프를 손가락으로 가리키면서 이야기했다. 상대는 내가 무작정 출연해달라고 애원할 것으로 예상했는지, "이런 게 있었군요"라며 약간 의외라는 반응을 보였다. 나는 데이터를 바탕으로 독신 여성이 늘어남에 따라 발생할 문제점을 자세히 이야기했다. 그러자 처음에 굳은 표정이었던 상대가 서서히 내 이야기에 관심을 보이기 시작했다. 자신이 방송에 출연함으로써 이 문제의 중요성을 세상에 알리고 싶다, 30대 미혼 여성들의 생각을 대변하고 싶다, 이런 사명감 같은 것이 생겨난 듯했다.

그 덕분에 무사히 방송을 마칠 수 있었다.

방송 후 감사의 인사를 하러 찾아간 나에게 한 출연자가 이렇게 말했다.

"처음에 취재 이야기를 들었을 때는 솔직히 거절하려고 했어요. 그런데 연출가님을 만나 그래프를 보면서 설명을 듣고 문제의 심각성과 함께 '이분은 진정성이 있구나'라고 느꼈답니다. 그래서 힘이 되어드리자고 결심했던 거예요."

섭외를 하러 나간 현장에서 구체적인 숫자를 제시해 문제의

심각성을 호소한 결과 거절을 승낙으로 바꾸는 데 성공했던 것
이다.

숫자의 힘을 사용해서 상대방이 머릿속을 정리하고

쉽게 이해할 수 있도록 만든 다음

제안하고자 하는 내용을 확실히 전한다.

이것이야말로 '상대를 조종'하기 위한 연출이라고 할 수 있다.

시각적 이미지를
살짝 덧붙인다

예전에 어느 부동산 기업의 대졸 신입사원 채용 홍보 영상을 제작한 적이 있다. 이 기업은 '우리 회사의 신입사원이 되기는 결코 쉽지 않으니, 어중간한 마음가짐으로는 지원하지 마시오!'라는 방침을 내세워 우수한 대학생들을 채용하는 데 성공하고 있었다. 그래서 그 방침을 소개하는 영상을 만들었는데 사장의 말과 내레이션을 부각하기 위해 어떤 그림을 넣었다. 그것은 피라미드 형태의 그림으로, '피라미드의 정점에 위치한 극소수만이 우리 회사에 신입사원으로 입사할 수 있다'는 것을 강하게 각인시키기 위한 목적이었다.

　텔레비전이나 각종 홍보 자료에서도 피라미드 도표를 심심치 않게 볼 수 있다. 상대방의 눈에 들어오도록 직감적으로 호소할 수 있기에 지금까지도 자주 사용하는 수단이다.

　이처럼 자료에 그림을 살짝 덧붙이는 것은 정보를 더욱 인상적으로 전할 수 있는 유용한 방법이다. 그런데 자료를 작성할 때 그림을 활용하는 것에는 사실 커다란 함정이 숨어 있다.

　파워포인트로 프레젠테이션 자료나 보고서를 작성할 때 분산도나 레이더 차트와 같이 복잡한 그림을 사용하는 사람이 있다. 최대한 상세하고 이해하기 쉽게 전하려는 목적이겠지만,

너무 복잡한 그림을 집어넣으면 오히려 정보가 잘 전달되지 않는다.

피라미드 도표는 '너무 흔하잖아'라고 의아할 수도 있겠지만 사실은 '흔하다'는 것이 핵심이다.

익숙한 표현을 적극적으로 사용한다

피라미드 도표는 텔레비전 방송뿐만 아니라 광고나 자료에도 자주 나오는 '익숙한 그림'이다. 언뜻 '이런 걸 사용하면 너무 성의가 없다고 생각하지 않을까?'라는 생각이 들어서 사용하기를 주저할 정도다. 그러나 '익숙하다'는 것이 커다란 포인트다. 사람은 눈에 익은 것, 귀에 익은 것에 관해서는 머리를 쓰지 않고 직감적으로 내용을 인식할 수 있다. 그러므로 자료에 그림을 사용할 때는 앞에서 소개한 것과 같은 피라미드 도표나 막대그래프, 꺾은선그래프, 원그래프 등 흔히 볼 수 있는 것을 적극적으로 사용해야 한다.

'익숙한 표현'은 그만큼 이해하기 쉽고
유용하기 때문에 많이 사용된다는 것이다.

익숙한 수단을 알차게 이용하는 것이 전달력을 높이는 가장
빠른 방법이다.

전달력을 절반으로
떨어뜨리는 표현

지금까지 살짝 덧붙이면 표현을 강화해 전달력을 높일 수 있는 표현들을 소개했다. 그와는 반대로 사용하면 오히려 표현력이나 전달력이 떨어지는 말들이 있다. 이런 말들만 빼도 인상적인 표현을 손쉽게 만들어낼 수 있다. 먼저 방송 제작 현장에서 흔히 볼 수 있는 대화를 살펴보자.

> 연출가 "이봐, 조연출. 지난번에 촬영했던 대관람차, 정말로 일본에서 제일 큰 건지 확인해봐! 빨리!"
> 조연출 "네, 알겠습니다. 확인하는 대로 연락드리겠습니다."

5시간 후…….

연출가 "아까 말했던 대관람차 확인해봤어?"

조연출 "죄송합니다. 아직 확인 중입니다. 사실은 조금 애매한 크기의 대관람차가 하나 있어서……. 자료에 나와 있는 높이하고 해당 유원지에서 알려준 높이가 다르네요. 조금만 더 시간을 주셨으면 합니다."

연출가 "이제 곧 프리뷰(편집이 끝난 영상을 총책임자에게 보여주는 시사회)인데……. 안 되겠어. 시간이 없으니 일단 프리뷰 때는 '급'을 붙여서 적당히 넘어가자고. 하지만 방송 때는 '급'을 떼야 하니 꼭 확인해봐!"

조연출 "알겠습니다!"

붙이는 순간 표현을 약화하는 말은 바로 '그에 준한다'는 의미의 '급(級)'이라는 한자다.

법칙 25

가치가 반감되는 '급'

광고나 설명 자료에서 이런 표현을 종종 볼 수 있을 것이다.

"세계 최대급."

"아시아 최대급."

"국내 최대급."

앞의 대화에서도 알 수 있듯이 텔레비전 방송 연출가들은 '급'이라는 말을 싫어한다. 이런 작은 집착이 쌓여서 방송의 완성도와 인상에 커다란 영향을 끼치는 것이다. 블로그나 SNS에 글을 쓸 때, 상담이나 프레젠테이션을 할 때, '국내 최대급', '세계 최대급'이라는 표현을 사용한 적이 있을 것이다. 이 말을 붙이는 순간 메시지나 정보를 전할 때 크게 손해를 볼 위험성이 있다.

'국내 최대'와 '국내 최대급'의 차이는 무엇일까? 그것은 유일무이한 존재인가, 그 밖에도 비슷한 것이 있느냐의 차이다. '급'이라는 말 하나가 인상을 완전히 바꿔놓는 것이다.

나는 중학교에 다니는 아들을 데리고 온천을 자주 즐긴다. 특히 아들이 좋아하는 요코하마 시내의 온천을 자주 이용한다. 그중 다양한 종류의 욕탕뿐만 아니라 레스토랑 시설도 충실한 대규모 온천에 큼지막하게 '간토 지역 최대급'이라고 적혀 있다. 매번 그곳에 도착해 주차장에서 대형 간판을 볼 때마다 '좀 더 확실히 조사한 다음 '급'을 떼면 좋을 텐데……', '이 정도 규

모라면 분명 간토 지역에서 가장 클 텐데……'라는 안타까운 마음이 든다. 욕조의 수나 바닥 면적 등 단 한 가지라도 간토 지역에서 1위를 차지할 정도라면 그것에 초점을 맞춰서 '간토 지역 최대'라고 표기해도 될 텐데 말이다.

모든 것이 '최고'일 필요는 없다.

요소를 세분화한 다음 철저히 조사해보면 '최고'를 발견할 가능성이 의외로 높다. 어떻게든 '최대'라는 포인트를 하나 찾아낸 다음 그것을 철저히 내세우는 것이 중요하다.

최대 효과를 주는
이미지 전략

'급'은 최대한 피해야 할 표현이기는 하지만 잘만 활용하면 내 편이 되어주는 말이기도 하다. 전단지나 인터넷 광고에서 '크기'를 표현하고 싶을 경우, '일본 최대'의 크기라는 것이 확실하다면 '일본 최대'라고 홍보할 수 있다. 그런데 확인해보니 더 큰 것이 있고 자사의 상품은 두 번째라면 어떻게 해야 할까?

이럴 때는 포기하지 말고 '급'을 붙이면 된다.

최대가 아니더라도 '최대 클래스'에 속해 있다면

'급'을 붙일 수 있다.

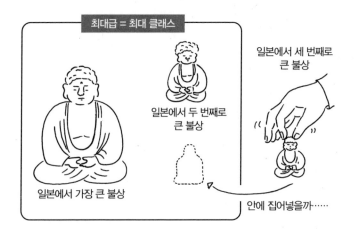

최대급 = 최대 클래스

일본에서 가장 큰 불상

일본에서 두 번째로 큰 불상

일본에서 세 번째로 큰 불상

안에 집어넣을까……

실제로 광고주가 확인 작업이 귀찮다는 이유로 '급'을 붙여서 적당히 얼버무리는 경우가 종종 있다. 앞에서 언급한 온천처럼 '급'을 붙인 광고를 흔히 볼 수 있다. 무서운 사실이지만 '급'을 붙이면 최대가 아니더라도 최대라는 느낌을 줄 수 있다.

법칙 26

'급'의 양면 효과

'급'의 효과를 정리하면 다음과 같다.

- 가장 큰 것에 '급'을 붙이면 '모호한 표현'이 되어서 오히려 손해를 본다.
- 가장 크지는 않은 것에 '급'을 붙이면 '최대라는 느낌'을 줄 수 있어서 이익이 된다.

크기나 길이, 무게, 수량 등 단위를 홍보하는 경우에는 이 법칙을 기억해두자.

모호한 표현은
전달력을 떨어뜨린다

앞에서 소개한 '급' 외에도 전달력을 떨어뜨리는 한마디가 있다. 게다가 우리는 그런 말들을 무의식중에 자주 사용한다. 자신도 모르는 사이에 큰 손해를 보고 있다고 해도 과언이 아닌 것이다.

그 한마디는 대체 무엇일까? 소개하기에 앞서 일본인에게서 볼 수 있는 특징을 하나 살펴보자. 과거부터 일본인은 말끝을 모호하게 흐리는 독특한 커뮤니케이션 방식이 몸에 배어 있다. 그 배경에는 타인에게 상처 주지 않으려는 배려와 겸손을 중시하는 문화가 자리하고 있다. 물론 그런 이유도 있지만 일본인은 무엇인가를 확실하게 '단정적인 어조'로 표현하는 데 서툴다.

이것이 표현력을 떨어뜨리는 커다란 요인 중 하나인 것이다.

이것을 반대로 생각하면 '단정적인 어조'를 의식하기만 해도 주위 사람들과 차별화를 꾀할 수 있다. '직접적인 느낌'을 주는 말을 사용하는 것이다. 직접적인 느낌이 뭐냐고 생각하는 사람도 있을 것이다. 간단히 말하면 불필요한 말을 덧붙이지 않고 좀 더 단순하게 말하는 것이다. 당신은 평소에 대화를 할 때나 글을 쓸 때 이런 표현을 사용하는가?

○○이라는 이야기

○○ 등을 거쳐

○○이라든가가 좋다고 생각해

○○ 뒤에 오는 밑줄 친 부분이 사실은 불필요한 말인 경우가 많다. 과거에 자신이 쓴 자료나 이메일, SNS에 올린 글을 다시한 번 살펴보자. 아마도 무의식중에 이런 말들을 사용했을 것이다.

이런 표현들은 의미를 모호하게 만들어 표현력을 떨어뜨리는 불필요한 말이다.

물론 이런 말들이 필요한 경우도 많다. 그러나 과감하게 없애

보면 내용에 전혀 영향을 끼치지 않는 경우가 더 많을 것이다.

① 이 책이 전하는 것은 온라인 화상회의가 전달력이 약하다는 점을
해결하기 위한 연출법이다.
② 이 책이 전하는 것은 온라인 화상회의가 전달력이 약한 점을 해
결하기 위한 연출법이다.

'~다는'을 집어넣느냐 넣지 않느냐의 차이밖에 없지만, ①의
문장은 어딘가 답답한 느낌이 들 것이다. 해당 부분만을 발췌
해보면 차이를 더욱 뚜렷하게 느낄 수 있다.

① 전달력이 약하다는 점을 해결
② 전달력이 약한 점을 해결

①보다 ②가 무엇이 해결되는지를 직설적으로 전달한다.
우리는 평소에도 '~이라는', '하다는'을 비롯해 불필요한 말을
습관적으로 많이 사용한다. 일상적인 대화를 녹음할 기회는 좀
처럼 없지만, 편집되지 않은 인터뷰 영상을 보면 사람들이 그런
말을 정말 많이 사용한다는 것을 알 수 있다. 연출가는 그런 불

필요한 말을 편집해(잘라내) 직접적인 느낌을 강하게 전달하려고
한다. 이것은 내레이션의 대본을 쓸 때도 중요한 기법이다.

불필요한 한마디를 철저히 배제한다

방송 프로그램의 내레이션은 한정된 시간 내에 최대한 전달
할 수 있어야 한다. 그렇기 때문에 많은 연출가들이 불필요한
말을 철저히 배제하고 '직접적인 느낌'을 전달하기 위해 시행착
오를 거듭한다.

니혼TV의 〈샤베쿠리007〉이라는 토크 버라이어티 방송을 연
출했을 때의 일이다. 그날 나는 방송인 S가 크게 인기를 끌었던
시절에 찍었던 '창피한 동영상'을 찾아내 본인에게 보여주는 기
획의 대본을 쓰고 있었다. 그때 내가 쓴 대본은 다음과 같았다.

"그때 S가 한 행동이 시청자의 오해를 부르는 사태가……. 그
전말을 함께 보시죠."

그런데 프리뷰(검토)에서 선배 연출가가 "불필요한 말이 들어
있어서 강하게 와 닿지 않아"라며 이런 식으로 고쳐줬다.

"그때 S가 한 행동이 시청자의 오해를 불러일으켰습니다! 그 전말을 함께 보시죠."

이렇게 고치자 글자 수도 줄어들고 '직접적인 느낌'이 강해져서 더욱 강한 인상을 줄 수 있었다.

이해하기 쉽도록 둘을 함께 나열해보자. 밑줄이 불필요한 말이다.

오해를 부르는 사태가……

오해를 불러일으켰다.

앞에서 이야기했듯이 한정된 시간 내에 최대한 간단하게 내용을 전하는 것이 좋은 내레이션이다. 그리고 이것은 일상의 커뮤니케이션에서도 마찬가지다. SNS에 짧고 강한 인상을 주는 글을 올려서 '좋아요'를 많이 받고, 인사 담당자의 주목을 끄는 자기소개서를 쓰고, 한정된 미팅 시간 내에 계약을 성사해야 한다면, 불필요한 한마디를 철저히 없애고 '직접적인 느낌'을 연출해야 한다. 이것이 '상대가 머리를 쓰지 않게 하는' 커뮤니케이션 방법이다.

이 책을 끝까지 읽어준 독자들에게 진심으로 감사한 마음을 전한다.

이 책에서 소개한 노하우에 커다란 가치가 있음을 깨닫게 된 것은 회사를 세우고 현역 텔레비전 방송 제작 스태프만으로 기업의 홍보 동영상을 제작하는 새로운 사업을 시작할 때였다. 태어나서 처음으로 '영업'을 하게 된 나는 세상에 넘쳐나는 동영상 제작 회사와 차별화하기 위해 '텔레비전 방송 제작 기법을 활용해 동영상을 제작하는' 것을 우리의 무기로 삼기로 결정했다. 그리고 '그 기법이 구체적으로 어떻게 대단한가?'를 철저히 분석하고 체계화했다. 그런 시행착오 끝에 이 책에서 소개한 노하우를 정리할 수 있었다.

그 후 프레젠테이션을 거듭하면서 조금씩 일거리를 따내게 되었을 무렵 한 가지 사실을 깨달았다. 그것은 '텔레비전에서 사용되는 전달의 법칙'이 동영상 제작뿐만 아니라 프레젠테이션이나 상담, 설득과 협상, SNS, 블로그, 보고서 작성 등 업무나 일상의 모든 상황에서 활용 가능한 방법이라는 사실이었다.

이 책은 텔레비전 방송 연출가라면 누구나 흔히 사용하고 있는 전달력이나 표현 기법을 정리한 것이다. 머리말에서도 말했듯이 '정립된 연출법'으로서 당연하다는 듯이 선배에게서 후배에게로 전해져 내려온 것들이다. 그런데 그 '평범함'이야말로 중요한 포인트다. 평범하기에 재능도 센스도 필요하지 않으며 누구나 쉽게 활용할 수 있다. 이것이 핵심이다.

내 스승이자 다큐멘터리 분야의 거장인 아즈마 마사키 씨가 자주 했던 말이 있다.

"텔레비전 방송 제작은 재능이 아니야! 계산이지!"

세상에는 사람들에게 정보나 감정을 알기 쉽게 전달할 수 있는 '정립된 연출법'이 많이 있다. 방송은 그것을 계산하면서 뼈대를 만드는 것이다. 그런 다음 촬영을 하고 편집을 하면서 뼈대에 살을 붙인다. 이 일련의 과정에서 재능은 필요 없다는 말이다. 앞선 사람들이 생각해낸 '전달력을 높이는 법칙'을 익혀서 적절히 사용할 수 있다면 누구나 전달력의 달인이 될 수 있다.

'아는' 것과 '활용하는' 것은 의미가 완전히 다르다. 이 책에서 소개한 '전달의 법칙'을 단순한 지식으로 끝내지 말고 자신의 일상생활에 활용해보기 바란다. 틀림없이 일상의 커뮤니케이션에 놀라운 변화가 찾아올 것이다.

이 책이 당신의 인생을 아주 조금이라도 좋은 방향으로 이끄는 데 도움이 되기를 진심으로 바란다.

모토하시 아도

단 1줄로 사로잡는

전달의 법칙

ⓒ 밀리언서재, 2021

초판 1쇄 발행 | 2021년 10월 15일
초판 3쇄 발행 | 2021년 11월 05일

지은이 | 모토하시 아도
옮긴이 | 김정환
펴낸이 | 정서윤

책임편집 | 추지영
디자인 | 지 윤
마케팅 | 신용천
물류 | 비앤북스

펴낸곳 | 밀리언서재
등록 | 2020. 3.10 제2020-000064호
주소 | 서울시 마포구 동교로 75
전화 | 02-332-3130
팩스 | 02-3141-4347
전자우편 | million0313@naver.com
블로그 | https://m.blog.naver.com/millionbook03
인스타그램 | https://www.instagram.com/millionpublisher_/

ISBN 979-11-91777-05-5 (03320)

값 · 14,000원